과학도 독해가 먼저다

초등 5학년

교육 R&D에 앞서가는
 Key 키출판사

과학도 독해가 먼저인 이유

왜 과학도 독해를 공부해야 할까요?

'과학' 교과서는 학년이 높아질수록 다루는 내용이 깊고 다양해져요.
그래서 '과학'이 점점 더 어렵고 막막하게 느껴질 수 있어요.
새로운 과학 개념과 어휘가 많아서 교과서 내용을 한 번에 이해하기 어렵거든요.
'과학'을 쉽고 재미있게 공부하기 위해서는
먼저 중요한 개념과 어휘를 익힌 다음 독해하는 연습이 필요해요.

국어 과목만 독해 연습을 해야 하는 게 아니에요.
낯선 개념과 알아야 할 어휘가 많은 '과학'도 독해 연습이 꼭 필요해요.
〈과학도 독해가 먼저다〉의 단계적인 독해 연습으로
어렵던 '과학'이 쉽고 재미있어져요!

왜 과학은 개념과 어휘를 익혀야 할까요?

'과학'은 수학처럼 기초가 중요한 과목이에요.
개념이 촘촘하게 연결되어 있고 학년이 올라갈수록 내용의 깊이와 폭이 확장되기
때문에 앞의 내용을 이해하지 못하면 뒤의 내용을 이해하기가 어려워요.
그래서 '과학'을 처음 배울 때부터 개념 하나하나를 제대로 이해하는 것이 중요해요.
그림과 함께 체계적으로 잘 정리된 개념을 익히면 과학을 쉽게 공부할 수 있어요.

'과학'은 개념을 이해하는 것이 무엇보다 중요해요.
낯설고 어려운 교과 내용도 개념만 잡으면 척척 이해할 수 있어요.
〈과학도 독해가 먼저다〉의 체계적인 개념 학습으로
알쏭달쏭하던 '과학'의 개념이 명쾌하게 정리돼요!

개념을 잡아서 독해와 교과 공부를 한 번에 끝내는 교과 독해 프로그램
〈과학도 독해가 먼저다〉로 공부해야 하는 이유입니다.

〈과학도 독해가 먼저다〉가 특별한 이유

교과서가 쉬워진다!

5학년 과학 교과서 내용을
한 권에 담았어요.

5학년 과학 교과서

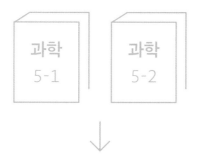

핵심 내용을 한 권에

개념이 잡힌다!

복잡한 교과 개념을 그림으로
한눈에 볼 수 있게 담았어요.

교과서 지문

개념을 잡아 기억하기 쉽게

개념-어휘-독해 3단계 완성

개념 그림으로 쉽게

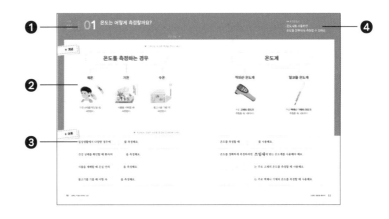

↓

어휘 문장으로 똑똑하게

↓

독해 읽기+쓰기로 확실하게

서술형 쓰기까지!

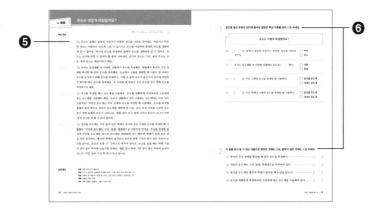

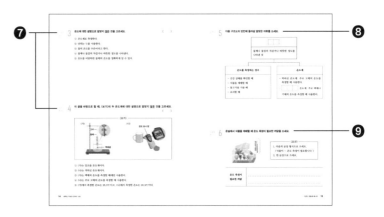

❶ 제목부터 읽어요!

- 알고자 하는 것이 무엇인지 파악할 수 있어요.

❷ 그림으로 개념을 잡아요!

- 핵심 개념을 한눈에 파악하고 그림 덩어리로 기억할 수 있어요.

❸ 문장으로 개념 어휘를 익혀요!

- 어휘를 문장에 직접 넣어 보며 개념을 확실하게 다질 수 있어요.

❹ 한 문장으로 개념을 정리해요!

- 핵심 개념을 한 문장으로 명확하게 정리하여 이해할 수 있어요.

❺ 핵심 개념을 확인하며 글을 읽어요!

- 문단 요약어로 지문에서 다루는 핵심 개념을 미리 확인할 수 있어요.
- 교과서 여러 쪽에 흩어져 있는 내용을 한 편의 지문에 짜임새 있게 담아, 핵심 개념을 분명하게 이해하고 글의 구조를 파악하며 효과적으로 글을 읽을 수 있어요.

❻ 기본 독해력을 키워요!

- **핵심 어휘 찾기**: 독해 지문의 문단별 중심 문장을 확인하고, 중심 문장에 들어갈 핵심 어휘를 찾을 수 있어요.
- **바르게 읽기**: 주어진 지문을 바르게 읽으며 내용을 있는 그대로 정확하게 파악하는 '사실적 이해' 능력을 키울 수 있어요.

❼ 심화 독해력을 키워요!

- **자세히 읽기**: 지문 내용을 자세히 파고들어 읽으며 글의 세부 내용을 구체적으로 파악하는 '분석적 이해' 능력을 키울 수 있어요.
- **깊이 읽기**: <보기> 글과 연결해서 읽으며 주어진 정보를 근거로 삼아 다른 판단을 이끌어 내는 '추론적 이해' 능력을 키울 수 있어요.

❽ 구조도로 요약해요!

- **요약하여 쓰기** [단답형]: 지문을 구조화한 도표 안에 알맞은 어휘를 채우면서 글의 내용을 짜임새 있게 정리할 수 있어요.

❾ 서술형 쓰기까지 익혀요!

- **서술형 쓰기** [서술형]: 이해한 내용을 의도에 맞게 논리적으로 서술하면서 지식을 풀어 쓰는 능력을 키우고 학습 내용을 자기 것으로 만들 수 있어요.

차례

1단원 운동과 에너지

2단원 지구와 우주

과학도 독해가 먼저다

독해력 높이는 3단계 공부법

쓱 그림을 봐!

핵심 개념이 한눈에 담길 거야.

콕콕 개념 어휘를 넣어 봐!

문장 속 빈칸에 들어갈 말이 바로
공부할 내용의 핵심이 되는 말이야.
한 글자 한 글자 쓰다 보면 개념이 콕콕 박힐 거야.

한 번에 쫙 글을 읽은 후 꼼꼼하게 확인해!

눈에 힘을 딱 주고 집중해서 한 번에 지문을 읽어!
문제를 풀면서 다시 한 번 지문을 꼼꼼하게 확인하고
구조도로 글의 전체 구조와 핵심 내용을 정리하면
지문 내용을 완벽하게 내 것으로 만들 수 있어.

어때, 자신 있지?
과학 독해 공부, 시작해 볼까!

운동과 에너지

01 온도는 어떻게 측정할까요?

✦ 개념

▼ 그림으로 중요한 개념을 만나 보세요.

온도를 측정하는 경우

체온

건강 상태를 확인할 때
측정한다

기온

식물을 재배할 때
측정한다

수온

물고기를 기를 때
측정한다

✦ 어휘

▼ 개념에서 살펴본 어휘를 문장의 빈칸에 써 보세요.

일상생활에서 다양한 경우에 ⬚ 를 측정해요.

건강 상태를 확인할 때 환자의 ⬚ 을 측정해요.

식물을 재배할 때 온실 안의 ⬚ 을 측정해요.

물고기를 기를 때 어항 속 ⬚ 을 측정해요.

온도계를 사용하면
온도를 정확하게 측정할 수 있어요.

온도계

적외선 온도계

주로 **고체의 온도**를
측정할 때 사용한다

알코올 온도계

주로 **액체나 기체의 온도**를
측정할 때 사용한다

온도를 측정할 때 [   ]를 사용해요.

온도를 정확하게 측정하려면 **쓰임새**에 맞는 온도계를 사용해야 해요.

[   ]는 주로 고체의 온도를 측정할 때 사용해요.

[   ]는 주로 액체나 기체의 온도를 측정할 때 사용해요.

온도는 어떻게 측정할까요?

▼ 다음 글을 읽고 물음에 답하세요. (1~6)

핵심 개념

온도

❶ 온도는 물체나 물질의 차갑거나 따뜻한 정도를 나타낸 것이에요. 차갑거나 따뜻한 정도는 사람마다 다르게 느낄 수 있으므로 온도를 어림하면 물체의 온도를 정확하게 알 수 없어요. 하지만 온도를 측정하면 물체의 온도를 정확하게 알 수 있어요. 온도는 숫자에 단위 ℃(섭씨도)를 붙여 나타내며, 공기의 온도는 기온, 물의 온도는 수온, 몸의 온도는 체온이라고 해요.

온도 측정

❷ 우리는 일상생활 속 다양한 상황에서 온도를 측정해요. 병원에서 환자의 건강 상태를 확인할 때 몸의 온도를 측정해요. 온실에서 식물을 재배할 때 식물이 잘 자라는 온도를 유지하기 위해 온도를 측정하고, 어항 속 물의 온도가 물고기가 살기에 적당한지 확인할 때도 온도를 측정해요. 또 요리할 때 알맞은 조리 온도를 알기 위해 온도를 측정하기도 해요.

적외선 온도계

❸ 온도를 측정할 때는 온도계를 사용해요. 온도를 정확하게 측정하려면 쓰임새에 맞는 온도계를 사용해야 해요. 우리가 생활에서 자주 사용하는 온도계에는 어떤 것이 있을까요? 적외선 온도계는 주로 고체의 온도를 측정할 때 사용해요. 온도를 측정할 물체의 표면 쪽으로 적외선 온도계를 향하게 한 다음, 온도 측정 단추를 누르면 온도 표시 창에 물체의 온도가 나타나요. 예를 들어 표시 창에 나타난 온도가 '31.8℃'이면 '섭씨 삼십일 점 팔 도'라고 읽어요.

알코올 온도계

❹ 알코올 온도계는 주로 물과 같은 액체나 공기와 같은 기체의 온도를 측정할 때 사용해요. 알코올 온도계는 고리, 몸체, 액체샘으로 이루어져 있어요. 온도를 측정할 물질에 알코올 온도계를 넣으면 온도계의 액체샘에 있는 빨간색 액체가 몸체 속의 관을 따라 움직여요. 빨간색 액체의 움직임이 멈추면 액체 기둥의 끝이 닿은 부분의 눈금을 읽어요. 눈금은 보통 1℃ 간격으로 매겨져 있어요. 눈금을 읽을 때는 액체 기둥의 끝이 닿은 위치에 눈높이를 맞춰요. 예를 들어 액체 기둥 끝이 닿은 부분의 눈금이 '20.0℃'이면 '섭씨 이십 점 영 도'라고 읽어요.

낱말 풀이

- **어림** 대강 짐작으로 헤아림.
- **측정** 도구나 장치를 이용하여 물체의 길이, 무게, 부피 등의 양을 재는 것.
- **온실** 식물이 잘 자랄 수 있게 빛, 온도, 습도 등을 조절할 수 있게 만든 곳.
- **재배** 식물을 심어 가꿈.
- **유지** 어떤 상태나 상황을 그대로 이어 나감.

문단별 중심 문장의 빈칸에 들어갈 알맞은 핵심 어휘를 찾아 √표 하세요.

온도는 어떻게 측정할까요?

❶문단　(　　　　)는 물체나 물질의 차갑거나 따뜻한 정도를 나타낸 것이다.

☐ 부피
☐ 온도

---

❷문단　우리는 일상생활 속 다양한 상황에서 온도를 (　　　)한다.

☐ 어림
☐ 측정

---

❸문단　(　　　　)는 주로 고체의 온도를 측정할 때 사용한다.

☐ 알코올 온도계
☐ 적외선 온도계

---

❹문단　(　　　　)는 주로 액체나 기체의 온도를 측정할 때 사용한다.

☐ 알코올 온도계
☐ 적외선 온도계

이 글을 읽고 알 수 있는 내용으로 알맞은 것에는 ○표, 알맞지 않은 것에는 ✕표 하세요.

(1) 환자의 건강 상태를 확인할 때 몸의 온도를 측정한다. ⋯⋯⋯⋯⋯ (　　　)

(2) 적외선 온도계는 고리, 몸체, 액체샘으로 이루어져 있다. ⋯⋯⋯⋯ (　　　)

(3) 알코올 온도계의 빨간색 액체가 움직일 때 눈금을 읽는다. ⋯⋯⋯⋯ (　　　)

(4) 온도를 정확하게 측정하려면 쓰임새에 맞는 온도계를 사용해야 한다. ⋯⋯⋯⋯ (　　　)

3 온도에 대한 설명으로 알맞지 <u>않은</u> 것을 고르세요. ( )

① 온도계로 측정한다.

② 단위는 ℃를 사용한다.

③ 물의 온도를 수온이라고 한다.

④ 물체나 물질의 차갑거나 따뜻한 정도를 나타낸다.

⑤ 온도를 어림하면 물체의 온도를 정확하게 알 수 있다.

4 이 글을 바탕으로 할 때, 〈보기〉의 두 온도계에 대한 설명으로 알맞지 <u>않은</u> 것을 고르세요.

( )

① (가)는 알코올 온도계이다.

② (나)는 적외선 온도계이다.

③ (가)는 액체의 온도를 측정할 때에만 사용한다.

④ (나)는 주로 고체의 온도를 측정할 때 사용한다.

⑤ (가)에서 측정한 온도는 25.0℃이고, (나)에서 측정한 온도는 20.9℃이다.

다음 구조도의 빈칸에 들어갈 알맞은 어휘를 쓰세요.

☐☐
물체나 물질의 차갑거나 따뜻한 정도를 나타낸 것

온도를 측정하는 경우	온도계
– 건강 상태를 확인할 때 – 식물을 재배할 때 – 물고기를 기를 때 – 요리할 때	– 적외선 온도계: 주로 고체의 온도를 측정할 때 사용한다. – ☐☐ 온도계: 주로 액체나 기체의 온도를 측정할 때 사용한다.

온실에서 식물을 재배할 때 온도 측정이 필요한 까닭을 쓰세요.

〈조건〉

1. 다음의 문장 형식으로 쓰세요.
   ('식물이 ~ 온도 측정이 필요합니다.')
2. 한 문장으로 쓰세요.

온도 측정이 필요한 까닭	

✦ **개념**

▼ 그림으로 중요한 개념을 만나 보세요.

고체에서 열의 이동 : 전도

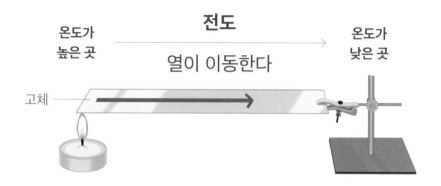

온도가
높은 곳

전도

열이 이동한다

온도가
낮은 곳

고체

✦ **어휘**

▼ 개념에서 살펴본 어휘를 문장의 빈칸에 써 보세요.

고체 물질의 한 부분을 가열해요.

고체에서 열은 〔　　　〕가 높은 곳에서 온도가 낮은 곳으로 이동해요.

고체에서 〔　　〕은 고체 물질을 따라 이동해요.

고체에서 열이 물질을 따라 이동하는 것을 〔　　〕라고 해요.

고체에서 열은 온도가 높은 곳에서 온도가 낮은 곳으로
고체 물질을 따라 이동해요.

단열의 이용

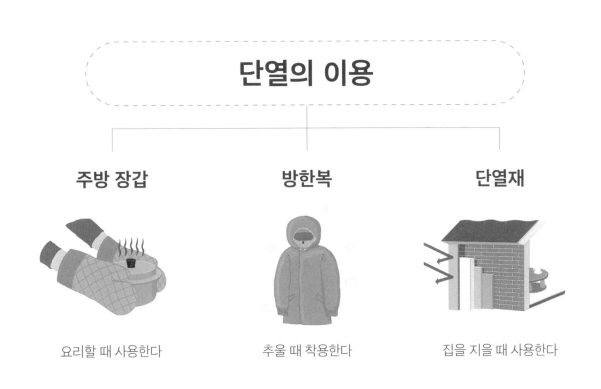

주방 장갑

요리할 때 사용한다

방한복

추울 때 착용한다

단열재

집을 지을 때 사용한다

요리할 때 [　　][　　]을 사용해 열의 이동을 막아요.

추울 때 [　　]을 입어 열의 이동을 막아요.

집을 지을 때 [　　]를 사용해 열의 이동을 막아요.

두 물체 사이에서 열의 이동을 막는 것을 [　　]이라고 해요.

고체에서 열은 어떻게 이동할까요?

▼ 다음 글을 읽고 물음에 답하세요. (1~6)

핵심 개념

열의 이동

❶ 차가운 손으로 따뜻한 손난로를 잡고 있으면 손이 점점 따뜻해져요. 이처럼 온도가 다른 두 물체가 접촉하면 따뜻한 물체의 온도는 점점 낮아지고, 차가운 물체의 온도는 점점 높아져요. 두 물체가 접촉한 채로 시간이 지나면 두 물체의 온도는 같아지지요. 접촉한 두 물체의 온도가 변하는 까닭은 열의 이동 때문이에요. 접촉한 두 물체 사이에서 열은 온도가 높은 물체에서 온도가 낮은 물체로 이동해요. 차가운 손으로 따뜻한 손난로를 잡으면 온도가 높은 손난로에서 온도가 낮은 손으로 열이 이동하지요.

전도

❷ 고체에서 열은 어떻게 이동할까요? 고체 물질의 한 부분을 가열하면 그 부분의 온도가 높아져요. 이때 온도가 높아진 부분에서 주변의 온도가 낮은 부분으로 열이 이동하면서 주변의 온도가 낮은 부분도 온도가 점점 높아져요. 이처럼 고체에서 온도가 높은 곳에서 온도가 낮은 곳으로 고체 물질을 따라 열이 이동하는 것을 전도라고 해요. 하지만 한 고체 물질이 끊겨 있거나, 두 고체 물체가 접촉하고 있지 않으면 열의 전도는 잘 일어나지 않아요.

열이 이동하는 빠르기

❸ 고체에서 열이 이동할 때 고체 물질의 종류에 따라 열이 이동하는 빠르기가 달라요. 유리나 나무보다 철과 구리 같은 금속에서 열이 더 빠르게 이동해요. 또 금속의 종류에 따라서도 열이 이동하는 빠르기가 달라요. 우리 주변에는 고체 물질의 종류에 따라 열이 이동하는 빠르기가 다른 성질을 이용한 물건이 많아요. 예를 들어 냄비의 몸체는 열이 잘 이동하는 금속으로 만들지만, 냄비의 손잡이는 열이 잘 이동하지 않는 나무나 플라스틱으로 만들어요.

단열

❹ 열의 이동을 막을 수 있는 방법이 있을까요? 열이 잘 이동하지 않는 고체 물질을 이용하면 열의 이동을 막을 수 있어요. 두 물체 사이에서 열의 이동을 막는 것을 단열이라고 해요. 우리는 생활 곳곳에서 단열을 이용해요. 뜨거운 냄비를 잡을 때 주방 장갑을 사용하면 냄비의 열이 손으로 이동하는 것을 막을 수 있어요. 추운 겨울에 방한복, 장갑, 모자 등을 착용하면 몸의 열이 밖으로 이동하는 것을 막아 몸의 온도를 유지할 수 있어요. 또 집을 지을 때 집의 벽, 바닥, 천장 등에 단열재를 사용하면 열의 이동을 막아 적정한 실내 온도를 유지할 수 있어요.

낱말 풀이

• **접촉** 서로 맞닿음.
• **가열** 어떤 물질에 열을 가함.
• **구리** 붉은색을 띤 금속. 전기와 열을 잘 전달한다.
• **적정하다** 정도가 알맞고 바르다.

1 문단별 중심 문장의 빈칸에 들어갈 알맞은 핵심 어휘를 찾아 √표 하세요.

고체에서 열은 어떻게 이동할까요?

❶문단 접촉한 두 물체 사이에서 (　　　)은 온도가 높은 물체에서 온도가 낮은 물체로 이동한다.
☐ 열
☐ 압력

❷문단 고체에서 온도가 높은 곳에서 온도가 낮은 곳으로 고체 물질을 따라 열이 이동하는 것을 (　　　)(이)라고 한다.
☐ 단열
☐ 전도

❸문단 고체 물질의 (　　　)에 따라 열이 이동하는 빠르기가 다르다.
☐ 색깔
☐ 종류

❹문단 두 물체 사이에서 열의 이동을 막는 것을 (　　　)(이)라고 한다.
☐ 단열
☐ 전도

2 이 글을 읽고 알 수 있는 내용으로 알맞은 것에는 ○표, 알맞지 않은 것에는 ✕표 하세요.

(1) 유리나 나무보다 금속에서 열이 더 느리게 이동한다. ┈┈┈┈┈┈┈┈┈┈ (　　　)

(2) 접촉한 두 물체의 온도가 변하는 까닭은 열의 이동 때문이다. ┈┈┈┈┈┈ (　　　)

(3) 냄비의 손잡이는 열이 잘 이동하는 나무나 플라스틱으로 만든다. ┈┈┈ (　　　)

(4) 온도가 다른 두 물체가 접촉한 채로 시간이 지나면 두 물체의 온도는
　　같아진다. ┈┈┈┈┈┈┈┈┈┈┈┈┈┈┈┈┈┈┈┈┈┈┈┈┈┈┈┈┈┈┈ (　　　)

3 단열에 대한 설명으로 알맞지 <u>않은</u> 것을 고르세요. ( )

① 추운 겨울에 방한복을 입는 것은 단열을 이용한 예이다.

② 집을 지을 때 단열재를 사용하는 것은 단열을 이용한 예이다.

③ 두 물체 사이에서 열의 이동을 빠르게 하는 것을 단열이라고 한다.

④ 열이 잘 이동하지 않는 고체 물질을 이용하면 열의 이동을 막을 수 있다.

⑤ 뜨거운 냄비를 잡을 때 주방 장갑을 사용하는 것은 단열을 이용한 예이다.

4 이 글을 바탕으로 <보기>를 이해한 내용으로 알맞지 <u>않은</u> 것을 고르세요. ( )

─── 〈보기〉 ───

과학 탐구 보고서

탐구 과정	1. 열 변색 붙임딱지를 붙인 구리판, 유리판, 철판을 스탠드에 고정한다. 2. 구리판, 유리판, 철판을 비커에 담긴 뜨거운 물에 동시에 잠기게 한다. 3. 열 변색 붙임딱지의 색깔이 변하는 빠르기를 비교해 본다.	
탐구 결과	열 변색 붙임딱지의 색깔이 구리판, 철판, 유리판 순서로 빨리 변한다.	

• **열 변색 붙임딱지** 온도에 따라 색깔이 변하는 붙임딱지.

① 구리판에서 열이 가장 빠르게 이동한다.

② 유리보다 금속에서 열이 더 빠르게 이동한다.

③ 구리판, 유리판, 철판 순서로 열이 빠르게 이동한다.

④ 금속의 종류에 따라 열이 이동하는 빠르기가 다르다.

⑤ 고체 물질의 종류에 따라 열이 이동하는 빠르기가 다르다.

요약하여
쓰기

5

다음 구조도의 빈칸에 들어갈 알맞은 어휘를 쓰세요.

온도가 다른 두 물체가 접촉할 때 열의 이동	– 온도가 다른 두 물체가 접촉하면 따뜻한 물체의 온도는 낮아지고, 차가운 물체의 온도는 높아진다. – 열은 온도가 높은 물체에서 온도가 낮은 물체로 이동한다.
고체에서 열의 이동	– 고체에서 온도가 높은 곳에서 온도가 낮은 곳으로 고체 물질을 따라 열이 이동하는 것을 ☐☐라고 한다. – 고체 물질의 종류에 따라 열이 이동하는 빠르기가 다르다.
열의 이동 막기	– 두 물체 사이에서 열의 이동을 막는 것을 ☐☐이라고 한다. 예) 주방 장갑, 방한복, 단열재 등

서술형
쓰기

6

차가운 손으로 따뜻한 손난로를 잡을 때 열이 어떻게 이동하는지 쓰세요.

───── 〈조건〉 ─────

1. 다음 낱말을 모두 넣어 쓰세요.
(열) (온도) (손) (손난로)
2. 한 문장으로 쓰세요.

열의 이동	

✦ 개념

▼ 그림으로 중요한 개념을 만나 보세요.

액체에서 열의 이동: 대류

액체

온도가 높아진 액체가
위로 올라간다

✦ 어휘

▼ 개념에서 살펴본 어휘를 문장의 빈칸에 써 보세요.

액체를 가열해요.

[   ]가 높아진 액체가 위로 올라가요.

온도가 높아진 액체가 위로 올라가면서 [   ]이 이동해요.

액체에서 온도가 높아진 물질이 올라가면서 열이 이동하는 것을 [   ]라고 해요.

기체에서 열의 이동: 대류

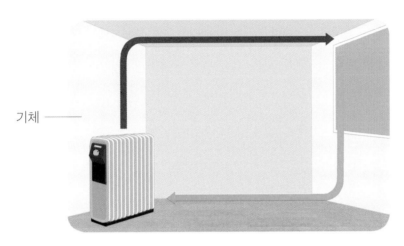

**온도가 높아진 기체가
위로 올라간다**

기체를 가열해요.

온도가 높아진 기체가 [ ]로 올라가요.

온도가 높아진 기체가 위로 올라가면서 [ ]이 이동해요.

기체에서 온도가 높아진 물질이 올라가면서 열이 이동하는 것을 [ ]라고 해요.

액체와 기체에서 열은 어떻게 이동할까요?

▼ 다음 글을 읽고 물음에 답하세요. (1~6)

핵심 개념

액체에서 열의 이동

❶ 고체에서는 고체 물질을 따라 열이 이동해요. 그렇다면 물과 같은 액체에서 열은 어떻게 이동할까요? 물이 든 주전자를 가열하면 주전자 바닥에 있는 물의 온도가 높아져요. 온도가 높아진 물은 위로 올라가고 위에 있던 물은 아래로 밀려 내려와요. 시간이 지나면 이 과정이 반복되면서 주전자 속 물 전체가 따뜻해져요. 이처럼 액체에서 온도가 높아진 물질이 위로 올라가고 위에 있던 물질이 아래로 밀려 내려오면서 열이 이동하는 것을 대류라고 해요.

액체에서 대류 현상

❷ 대류 현상은 실험을 통해 관찰할 수 있어요. 차가운 물이 든 수조를 받침대 위에 올리고, 수조의 바닥에 파란색 잉크를 넣어요. 파란색 잉크의 아랫부분에 뜨거운 물이 담긴 컵을 놓으면 온도가 높아진 파란색 잉크가 위로 올라가는 것을 관찰할 수 있어요.

파란색 잉크

뜨거운 물이 담긴 컵

기체에서 열의 이동

❸ 공기와 같은 기체에서는 열이 어떻게 이동할까요? 온도가 높은 물체 주변의 공기는 가열되어 온도가 높아져요. 온도가 높아진 공기는 위로 올라가고 위에 있던 공기는 아래로 밀려 내려와요. 이처럼 기체에서도 액체에서와 같이 온도가 높아진 물질이 위로 올라가고 위에 있던 물질이 아래로 밀려 내려오는 대류에 의해 열이 이동해요. 예를 들어 방 한쪽 구석에 놓인 난방기를 켜면 난방기 주변 공기의 온도가 높아지고, 시간이 지나면 공기가 대류하면서 실내 전체의 공기가 따뜻해져요. 에어컨을 높은 곳에 설치하는 까닭도 대류와 관련이 있어요. 에어컨에서 나오는 차가운 공기는 아래로 내려오고 아래에 있던 공기는 위로 올라가기 때문에 에어컨을 높은 곳에 설치하면 실내 전체를 시원하게 할 수 있어요.

기체에서 대류 현상

❹ 기체의 대류 현상도 실험을 통해 관찰할 수 있어요. 먼저 삼발이 아래쪽에 가열 장치를 놓아요. 가열 장치에 불을 붙이지 않고 삼발이의 위쪽으로 비눗방울을 불면 비눗방울이 아래로 떨어져요. 하지만 가열 장치에 불을 붙인 다음 삼발이의 위쪽으로 비눗방울을 불면 가열 장치 주변에서 비눗방울이 위로 올라가는 것을 관찰할 수 있어요.

비눗방울

가열 장치

낱말 풀이

- **수조** 물을 담아 두는 큰 통.
- **난방기** 실내의 온도를 높여 따뜻하게 하는 장치.
- **삼발이** 둥근 쇠 테두리에 발이 세 개 달린 기구.

1 문단별 중심 문장의 빈칸에 들어갈 알맞은 핵심 어휘를 찾아 √표 하세요.

액체와 기체에서 열은 어떻게 이동할까요?

---

❶문단 액체에서 온도가 높아진 물질이 위로 올라가고 위에 있던 물질이 아래로 밀려 내려오면서 열이 이동하는 것을 (   )라고 한다.

☐ 대류
☐ 전도

---

❷문단 파란색 잉크의 아랫부분에 뜨거운 물이 담긴 컵을 놓으면 온도가 높아진 파란색 잉크가 (   )로 올라간다.

☐ 위
☐ 아래

---

❸문단 기체에서도 온도가 높아진 물질이 위로 올라가고 위에 있던 물질이 아래로 밀려 내려오는 (   )에 의해 열이 이동한다.

☐ 대류
☐ 전도

---

❹문단 가열 장치에 불을 붙인 다음 비눗방울을 불면 가열 장치 주변에서 비눗방울이 (   )로 올라간다.

☐ 위
☐ 아래

---

2 이 글을 읽고 알 수 있는 내용으로 알맞은 것에는 ○표, 알맞지 않은 것에는 ✕표 하세요.

(1) 액체에서는 대류에 의해 열이 이동한다. ──────────── (   )

(2) 온도가 높은 물체 주변의 공기는 가열되어 온도가 높아진다. ───── (   )

(3) 물이 든 주전자를 가열하면 주전자 바닥에 있는 물은 옆으로 이동한다. ─── (   )

(4) 온도가 낮아진 공기는 위로 올라가고 위에 있던 공기는 아래로 밀려 내려온다. ──────────── (   )

3 액체와 기체에서의 열의 이동에 대한 설명으로 알맞지 <u>않은</u> 것을 고르세요. ( )

① 온도가 높아진 액체는 위로 올라간다.

② 기체에서는 대류에 의해 열이 이동한다.

③ 온도가 높아진 기체는 모든 방향으로 퍼져 나간다.

④ 방 한쪽 구석에 놓인 난방기를 켜면 대류에 의해 방 전체가 따뜻해진다.

⑤ 물이 든 주전자를 가열하고 시간이 지나면 주전자 속 물 전체가 따뜻해진다.

4 <보기>에서 바람개비가 움직이는 까닭으로 가장 알맞은 것을 고르세요. ( )

〈보기〉

– 실험 방법

1. 바람개비를 스탠드에 매단 뒤 바람개비의 아래쪽에
   초를 놓는다.
2. 초에 불을 붙여 바람개비의 움직임을 관찰한다.

– 실험 결과

바람개비가 빙글빙글 돈다.

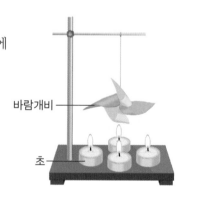

바람개비

초

① 기체를 가열해도 열이 이동하지 않기 때문에

② 온도가 높아진 공기가 위로 올라가기 때문에

③ 온도가 높아진 공기가 양옆으로 퍼지기 때문에

④ 온도가 낮아진 공기가 아래로 내려가기 때문에

⑤ 온도가 낮아진 공기가 양옆으로 퍼지기 때문에

다음 구조도의 빈칸에 들어갈 알맞은 어휘를 쓰세요.

대류

액체에서 열의 이동	기체에서 열의 이동
- [ ]에 의해 열이 이동한다. - 온도가 높아진 물질이 위로 올라가고 위에 있던 물질이 아래로 밀려 내려오면서 열이 이동한다.	- 대류에 의해 열이 이동한다. - 온도가 높아진 물질이 [ ]로 올라가고 위에 있던 물질이 아래로 밀려 내려오면서 열이 이동한다.

에어컨을 높은 곳에 설치하는 까닭을 쓰세요.

냉난방 기구	난방기	에어컨
설치하는 곳	낮은 곳	높은 곳
까닭	따뜻한 공기는 위로 올라가므로 난방기를 낮은 곳에 설치하면 실내 전체를 따뜻하게 할 수 있습니다.	- - - - - - - - - - - - - - - - - - - - - - - - - - - - - -

04 물체의 운동은 어떻게 나타낼까요?

정답과 해설 4쪽

✦ 개념

▼ 그림으로 중요한 개념을 만나 보세요.

물체의 운동

걸린 시간

0초 → 1초

이동 거리

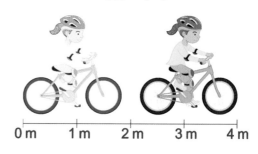

0 m　1 m　2 m　3 m　4 m

시간이 지남에 따라 물체의 위치가 변한다

✦ 어휘

▼ 개념에서 살펴본 어휘를 문장의 빈칸에 써 보세요.

어떤 물체는 **시간**이 지나도 물체의 위치가 변하지 않아요.

어떤 물체는 시간이 지남에 따라 물체의 [　　] 가 변해요.

시간이 지남에 따라 물체의 위치가 변할 때 물체가 [　　] 한다고 해요.

물체의 운동은 물체가 이동하는 데 **걸린 시간**과 [　　] 로 나타내요.

여러 가지 물체의 운동

빠르게 운동하는 물체	느리게 운동하는 물체	빠르기가 일정한 운동을 하는 물체	빠르기가 변하는 운동을 하는 물체
로켓	달팽이	자동계단	롤러코스터

로켓은 달팽이보다 [   ]게 운동해요.

달팽이는 로켓보다 [   ]게 운동해요.

자동계단은 빠르기가 [   ]한 운동을 해요.

롤러코스터는 빠르기가 [   ]는 운동을 해요.

물체의 운동은 어떻게 나타낼까요?

▼ 다음 글을 읽고 물음에 답하세요. (1~6)

핵심 개념

물체의 운동

❶ 도로에서 신호등과 도로 표지판은 시간이 지나도 위치가 변하지 않지만 달리는 자동차는 시간이 지남에 따라 위치가 변해요. 이처럼 시간이 지남에 따라 물체의 위치가 변할 때 물체가 운동한다고 해요.

물체의 운동을 나타내는 방법

❷ 물체의 운동은 물체가 이동하는 데 걸린 시간과 이동 거리로 나타내요. 우리 주변에 있는 여러 가지 물체의 운동도 이동하는 데 걸린 시간과 이동 거리로 나타낼 수 있어요. 예를 들어 집에서 학교까지 이동하는 나의 운동은 '나는 15분 동안 1500m를 이동했습니다.'라고 나타낼 수 있어요. 하지만 내가 이동하는 동안 집과 학교 사이에 있는 나무는 위치가 변하지 않았으므로 '나무는 운동하지 않았습니다.'라고 말할 수 있어요.

여러 가지 물체의 운동

❸ 우리 주변에 있는 여러 가지 물체는 다양한 운동을 해요. 빠르게 운동하는 물체도 있고, 느리게 운동하는 물체도 있어요. 예를 들어 로켓은 달팽이보다 빠르게 운동하고, 달팽이는 로켓보다 느리게 운동해요.

운동하는 물체의 예

❹ 또 우리 주변에는 빠르기가 일정한 운동을 하는 물체도 있고, 빠르기가 변하는 운동을 하는 물체도 있어요. 예를 들어 자동계단, 케이블카, 리프트, 수하물 컨베이어는 빠르기가 일정한 운동을 해요. 자동계단은 위층이나 아래층으로 이동하는 동안 빠르기가 일정한 운동을 하고, 케이블카나 리프트도 낮은 곳과 높은 곳을 오가는 동안 빠르기가 일정한 운동을 해요. 공항에서 승객들의 짐을 이동해 주는 수하물 컨베이어도 빠르기가 일정한 운동을 해요. 반면 롤러코스터, 버스, 비행기, 스키 점프 선수는 빠르기가 변하는 운동을 해요. 롤러코스터는 내리막길에서 점점 빨라지고 오르막길에서 점점 느려져요. 버스는 정거장에 들어올 때 점점 느려지고 정거장에서 출발할 때 점점 빨라져요. 비행기는 이륙할 때 활주로를 달리는 동안 빠르기가 점점 빨라지고, 스키 점프 선수는 출발할 때 경사면을 내려오는 동안 빠르기가 점점 빨라져요.

낱말 풀이

- **위치** 일정한 곳에 자리를 차지함. 또는 그 자리.
- **자동계단** 자동적으로 위아래 층으로 오르내릴 수 있도록 만든 계단 모양의 장치. (=에스컬레이터)
- **리프트** 스키장이나 관광지에서 낮은 곳과 높은 곳을 오가며 사람을 실어 나르는 의자 형태의 탈것.
- **수하물** 교통편에 손쉽게 부칠 수 있는 작고 가벼운 짐.
- **컨베이어** 물건을 연속적으로 이동·운반하는 띠 모양의 운반 장치.
- **이륙** 비행기 등이 날기 위하여 땅에서 떠오름.

1 문단별 중심 문장의 빈칸에 들어갈 알맞은 핵심 어휘를 찾아 √표 하세요.

> ### 물체의 운동은 어떻게 나타낼까요?

❶문단 시간이 지남에 따라 물체의 위치가 변할 때 물체가 (　　　)
한다고 한다.

☐ 변화
☐ 운동

---

❷문단 물체의 운동은 물체가 이동하는 데 걸린 시간과 (　　　)로
나타낸다.

☐ 빠르기
☐ 이동 거리

---

❸문단 (　　　) 운동하는 물체도 있고, 느리게 운동하는 물체도 있다.

☐ 빠르게
☐ 일정하게

---

❹문단 빠르기가 일정한 운동을 하는 물체도 있고, 빠르기가 (　　　)
운동을 하는 물체도 있다.

☐ 느린
☐ 변하는

---

2 이 글을 읽고 알 수 있는 내용으로 알맞은 것에는 ○표, 알맞지 않은 것에는 ✕표 하세요.

(1) 로켓은 달팽이보다 느리게 운동한다. ⸻⸻⸻ (　　　)

(2) 물체의 운동은 이동 거리로만 나타낸다. ⸻⸻⸻ (　　　)

(3) 모든 물체는 빠르기가 변하는 운동을 한다. ⸻⸻⸻ (　　　)

(4) 운동하지 않은 물체는 시간이 지나도 위치가 변하지 않는다. ⸻⸻ (　　　)

3 물체의 운동에 대한 설명으로 알맞지 <u>않은</u> 것을 고르세요.　　　　　　　（　　　）

① 자동계단은 빠르기가 일정한 운동을 한다.

② 스키 점프 선수는 빠르기가 변하는 운동을 한다.

③ 수하물 컨베이어는 빠르기가 일정한 운동을 한다.

④ 롤러코스터는 오르막길에서 점점 빨라지는 운동을 한다.

⑤ 버스는 정거장에서 출발할 때 빠르기가 변하는 운동을 한다.

4 <보기>의 ㉠과 ㉡에 들어갈 말이 알맞게 짝지어진 것을 고르세요.　　　　（　　　）

───── 〈보기〉 ─────

놀이공원에 있는 놀이 기구들은 다양한 운동을 합니다.

대관람차는 빠르기가 (　㉠　) 운동을 하는 놀이 기구입니다. 대관람차는 거대한 바퀴 둘레에 작은 방 여러 개를 매달아 높은 곳에서 주변 경관을 바라볼 수 있게 한 놀이 기구로, 일정한 빠르기로 회전합니다.

범퍼카는 빠르기가 (　㉡　) 운동을 하는 놀이 기구입니다. 범퍼카는 서로 부딪치면서 놀 수 있도록 만든 작은 자동차입니다. 범퍼카의 가속 발판을 밟으면 점점 빨라지고, 다른 차와 부딪치면 갑자기 느려집니다.

	㉠	㉡
①	변하는	변하는
②	변하는	일정한
③	일정한	변하는
④	일정한	일정한
⑤	느려지는	빨라지는

다음 구조도의 빈칸에 들어갈 알맞은 어휘를 쓰세요.

> **물체의** ☐ ☐
>
> 시간이 지남에 따라 물체의 위치가 변하는 것

> **물체의 운동을 나타내는 방법**
>
> 물체의 운동은 물체가 이동하는 데 ☐ ☐ ☐ 과 이동 거리로 나타낸다.

> **여러 가지 물체의 운동**
>
> - 빠르기가 일정한 운동을 하는 물체: 자동계단
> - 빠르기가 ☐ ☐ ☐ 운동을 하는 물체: 롤러코스터

다음 그림을 보고, (가)~(다) 중 운동한 물체의 기호와 그렇게 생각한 까닭을 쓰세요.

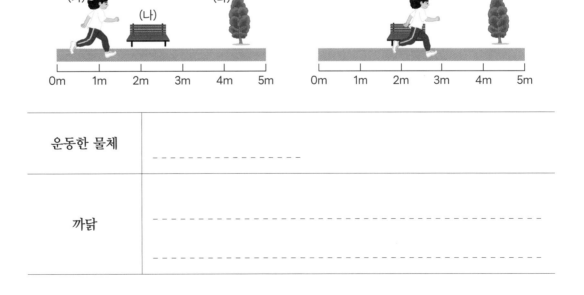

운동한 물체	- - - - - - - - - - - - -
까닭	- -

05 속력이란 무엇일까요?

정답과 해설 5쪽

✦ 개념

▼ 그림으로 중요한 개념을 만나 보세요.

물체의 빠르기 비교하기

같은 거리를 이동한 물체

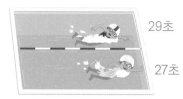

29초

27초

걸린 시간으로
비교한다

같은 시간 동안 이동한 물체

20m

30m

이동 거리로
비교한다

걸린 시간과 이동 거리가 모두 다른 물체

30km/h

60km/h

속력으로
비교한다

✦ 어휘

▼ 개념에서 살펴본 어휘를 문장의 빈칸에 써 보세요.

같은 거리를 이동한 물체의 빠르기는 ⬚⬚⬚⬚으로 비교해요.

같은 시간 동안 이동한 물체의 빠르기는 ⬚⬚⬚로 비교해요.

걸린 시간과 이동 거리가 모두 다른 물체의 빠르기는 ⬚⬚으로 비교해요.

속력은 단위 시간 동안 물체가 이동한 거리를 말해요.

빠르기를 속력으로 나타내는 경우

교통수단

300km/h

기차의 빠르기

운동 경기

145km/h

공의 빠르기

일기 예보

12m/s

바람의 빠르기

다양한 곳에서 [　　] 을 이용해 물체의 빠르기를 나타내요.

[　　　] 에서는 속력을 이용해 기차의 빠르기를 나타내요.

[　　　] 에서는 속력을 이용해 공의 빠르기를 나타내요.

[　　　] 에서는 속력을 이용해 바람의 빠르기를 나타내요.

속력이란 무엇일까요?

▼ 다음 글을 읽고 물음에 답하세요. (1~6)

핵심 개념

같은 거리를 이동한 물체의 빠르기

❶ 운동하는 물체의 빠르기는 어떻게 비교할까요? 같은 거리를 이동한 물체의 빠르기는 물체가 이동하는 데 걸린 시간으로 비교해요. 같은 거리를 이동하는 데 걸린 시간이 짧은 물체가 걸린 시간이 긴 물체보다 더 빨라요. 예를 들어 수영 경기를 할 때 출발선에서 결승선까지 짧은 시간 동안 이동한 선수일수록 빨라요. 마라톤, 스피드 스케이팅, 조정 등과 같은 운동 경기에서도 같은 거리를 이동하는 데 걸린 시간을 측정해 빠르기를 비교해요.

같은 시간 동안 이동한 물체의 빠르기

❷ 같은 시간 동안 이동한 물체의 빠르기는 물체가 이동한 거리로 비교해요. 같은 시간 동안 긴 거리를 이동한 물체가 짧은 거리를 이동한 물체보다 더 빨라요. 예를 들어 2시간 동안 160km를 이동한 자동차가 2시간 동안 80km를 이동한 배보다 빨라요.

속력

❸ 물체가 이동하는 데 걸린 시간과 이동 거리가 모두 다른 물체의 빠르기는 속력으로 비교할 수 있어요. 속력은 1초, 1분, 1시간 등과 같은 단위 시간 동안 물체가 이동한 거리를 말해요. 속력이 클수록 단위 시간 동안 이동한 거리가 길어요. 따라서 속력이 큰 물체가 속력이 작은 물체보다 더 빨라요. 속력은 물체가 이동한 거리를 걸린 시간으로 나누어 구해요. 속력의 단위에는 m/s(미터 매 초), km/h(킬로미터 매 시) 등이 있어요. 예를 들어 10m/s는 1초 동안 10m를 이동한 물체의 속력을 나타내며 '십미터 매 초'라고 읽어요. 50km/h는 1시간 동안 50km를 이동한 물체의 속력을 나타내며 '오십 킬로미터 매 시'라고 읽어요.

$$(속력) = (이동 거리) \div (걸린 시간)$$

빠르기를 속력으로 나타내는 예

❹ 물체의 속력을 보면 물체의 빠르기를 쉽게 알 수 있어요. 교통수단, 운동 경기, 일기 예보, 동물의 움직임 등 다양한 경우에 속력을 이용해 물체의 빠르기를 나타내요. 예를 들어 교통수단에서는 자동차나 기차의 빠르기를 속력으로 나타내고, 운동 경기에서는 선수나 공의 빠르기를 속력으로 나타내요. 또 일기 예보에서는 바람의 빠르기를 속력으로 나타낸답니다.

낱말 풀이

- **마라톤** 육상 경기에서 42.195km를 달리는 장거리 경주 종목.
- **조정** 정해진 거리에서 보트를 저어 빠르기를 겨루는 경기.
- **일기 예보** 일기의 변화를 예측하여 미리 알리는 일.

문단별 중심 문장의 빈칸에 들어갈 알맞은 핵심 어휘를 찾아 √표 하세요.

속력이란 무엇일까요?

❶문단 같은 거리를 이동한 물체의 빠르기는 물체가 이동하는 데
(   )(으)로 비교한다.

☐ 걸린 시간
☐ 이동 거리

❷문단 같은 시간 동안 이동한 물체의 빠르기는 물체의 (   )(으)
로 비교한다.

☐ 걸린 시간
☐ 이동 거리

❸문단 (   )은 단위 시간 동안 물체가 이동한 거리를 말한다.

☐ 속력
☐ 운동

❹문단 다양한 경우에 속력을 이용해 물체의 (   )를 나타낸다.

☐ 무게
☐ 빠르기

이 글을 읽고 알 수 있는 내용으로 알맞은 것에는 ○표, 알맞지 않은 것에는 ✕표 하세요.

(1) 일기 예보에서는 바람의 빠르기를 속력으로 나타낸다. ⋯⋯⋯⋯⋯⋯⋯⋯ (   )

(2) 마라톤은 같은 시간 동안 이동한 거리를 측정해 빠르기를 비교한다. ⋯⋯⋯ (   )

(3) 같은 시간 동안 짧은 거리를 이동한 물체가 긴 거리를 이동한 물체보다
더 빠르다. ⋯⋯⋯⋯⋯⋯⋯⋯⋯⋯⋯⋯⋯⋯⋯⋯⋯⋯⋯⋯⋯⋯⋯⋯⋯⋯⋯⋯⋯⋯⋯⋯⋯⋯⋯ (   )

(4) 같은 거리를 이동하는 데 걸린 시간이 짧은 물체가 걸린 시간이 긴 물체보다
더 빠르다. ⋯⋯⋯⋯⋯⋯⋯⋯⋯⋯⋯⋯⋯⋯⋯⋯⋯⋯⋯⋯⋯⋯⋯⋯⋯⋯⋯⋯⋯⋯⋯⋯⋯⋯⋯ (   )

속력에 대한 설명으로 알맞지 <u>않은</u> 것을 고르세요. ( )

① 속력의 단위에는 m/s, km/h 등이 있다.

② 속력은 걸린 시간을 이동 거리로 나누어 구한다.

③ 속력이 큰 물체가 속력이 작은 물체보다 더 빠르다.

④ 속력은 단위 시간 동안 물체가 이동한 거리를 말한다.

⑤ 교통수단, 운동 경기 등에서 속력을 이용해 물체의 빠르기를 나타낸다.

이 글을 바탕으로 <보기>를 이해한 내용으로 알맞지 <u>않은</u> 것을 고르세요. ( )

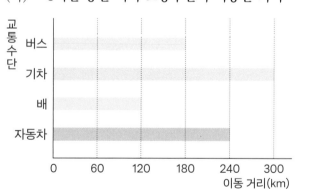

― 〈보기〉 ―

(가) 100m 달리기 기록

이름	걸린 시간
나연	19초 55
민호	20초 14
지민	21초 38
보람	18초 39

(나) 3시간 동안 여러 교통수단이 이동한 거리

① (가)에서 가장 느린 선수는 지민이다.

② (가)에서 가장 빠른 선수는 보람이다.

③ (나)에서 자동차는 버스보다 느리다.

④ (나)에서 가장 느린 교통수단은 배이다.

⑤ (나)에서 가장 빠른 교통수단은 기차이다.

5 다음 구조도의 빈칸에 들어갈 알맞은 어휘를 쓰세요.

```
┌─────────────────────────┐
│     물체의 빠르기 비교하기      │
└─────────────────────────┘
```

같은 거리를 이동한 물체	같은 시간 동안 이동한 물체	걸린 시간과 이동 거리가 모두 다른 물체
물체가 이동하는 데 걸 린 ⬚⬚⬚ 으로 비 교한다.	물체가 이동한 ⬚⬚⬚ 로 비교한다.	⬚⬚ 으로 비교한 다.

6 두 교통수단의 속력을 구하고, 두 교통수단의 빠르기를 비교하여 쓰세요.

2시간 동안 120km를
이동했다.

3시간 동안 240km를
이동했다.

배   자동차

	배	자동차
속력	＿＿＿＿＿＿＿＿ km/h	＿＿＿＿＿＿＿＿ km/h
빠르기 비교하기	＿＿＿＿＿＿＿＿＿＿＿＿＿＿＿＿＿＿＿＿＿＿＿＿＿＿＿＿＿＿	

06 속력과 관련된 안전장치와 교통안전 수칙에는 무엇이 있을까요?

정답과 해설 6쪽

정답과 해설 6쪽

✦ 개념

▼ 그림으로 중요한 개념을 만나 보세요.

속력과 관련된 안전장치

안전띠

탑승자의 몸을
고정해 피해를 줄인다

에어백

충돌할 때 순식간에
부풀어 충격을 줄인다

과속 방지 턱

자동차의 속력을
줄여서 사고를 막는다

✦ 어휘

▼ 개념에서 살펴본 어휘를 문장의 빈칸에 써 보세요.

속력과 관련된 다양한 [   ]가 있어요.

[   ]는 자동차에 탄 탑승자의 몸을 고정해 피해를 줄이는 안전장치예요.

[   ]은 자동차가 충돌할 때 순식간에 부풀어 충격을 줄이는 안전장치예요.

[   ]은 자동차의 속력을 줄여서 사고를 막는 안전장치예요.

속력과 관련된 교통안전 수칙

횡단보도를 건널 때
좌우를 살핀다

버스를 기다릴 때
인도에서 기다린다

도로 주변에서
공은 공 주머니에 넣는다

도로 주변에서 [ ] [ ] 을 지켜요.

횡단보도를 건널 때는 [ ] 를 살펴요.

버스를 기다릴 때는 [ ] 에서 기다려요.

도로 주변에서 공은 [ ] 에 넣어요.

속력과 관련된 안전장치와 교통안전 수칙에는 무엇이 있을까요?

▼ 다음 글을 읽고 물음에 답하세요. (1~6)

핵심 개념

**속력이 빠른
물체의 위험성**

❶ 물체가 빠른 속력으로 운동하면 바로 멈추기 어려워 다른 물체와 충돌하기 쉬워요. 또 물체의 속력이 빠를수록 다른 물체와 충돌할 때 큰 충격을 받아 피해가 커요. 이처럼 속력이 빠른 물체는 위험하기 때문에 우리는 속력과 관련된 다양한 안전장치를 설치하고 교통안전 수칙을 만들어 지켜요.

**속력과 관련된
안전장치**

❷ 속력과 관련된 안전장치에는 안전띠, 에어백, 과속 방지 턱, 어린이 보호 구역 표지판 등이 있어요. 이 중 안전띠, 에어백은 자동차에 설치된 안전장치이고, 과속 방지 턱, 어린이 보호 구역 표지판은 도로에 설치된 안전장치예요. 안전띠는 탑승자의 몸을 고정해서 사고가 났을 때 탑승자가 받는 피해를 줄여 줘요. 에어백은 충돌 사고가 일어났을 때 순식간에 부풀어 탑승자의 몸에 가해지는 충격을 줄여 줘요. 도로에 설치된 과속 방지 턱은 자동차의 속력을 줄이게 해 사고 위험을 줄여 줘요. 어린이 보호 구역 표지판은 학교 주변 등 어린이가 많이 다니는 도로에서 자동차의 속력을 제한해 어린이의 교통 안전사고를 예방해요.

교통안전 수칙

❸ 교통안전 수칙은 도로 주변에서 안전을 위해 지켜야 하는 규칙이에요. 도로 주변에서 교통 안전사고를 예방하거나 사고가 났을 때 피해를 줄이려면 교통안전 수칙을 잘 지켜야 해요.

**속력과 관련된
교통안전 수칙**

❹ 속력과 관련된 교통안전 수칙에는 어떤 것이 있을까요? 횡단보도를 건널 때는 신호등을 확인하고 좌우를 살피며 건너요. 버스를 기다릴 때는 버스가 정류장에 멈춰 설 때까지 인도에서 기다려요. 자전거를 타고 가다 횡단보도를 건너야 할 때는 자전거에서 내려 걸어가요. 도로 주변에서는 공놀이를 하지 않고 공은 공 주머니에 넣어서 들고 가요. 자전거나 킥보드를 탈 때는 보호 장비를 착용하고, 길을 걸을 때는 휴대 전화를 보지 않아요.

낱말 풀이

• **충돌** 서로 맞부딪치거나 맞섬.
• **과속** 자동차 등의 주행 속도(교통수단이 움직여 가는 속도)를 너무 빠르게 함.
• **탑승자** 배나 비행기, 차 등에 타고 있는 사람.
• **제한** 일정한 한도를 정하거나 그 한도를 넘지 못하게 막음.
• **수칙** 행동이나 절차에 관하여 지켜야 할 사항을 정한 규칙.

1 문단별 중심 문장의 빈칸에 들어갈 알맞은 핵심 어휘를 찾아 √표 하세요.

> **속력과 관련된 안전장치와 교통안전 수칙에는 무엇이 있을까요?**

❶문단 (   )이 빠른 물체는 위험하기 때문에 우리는 속력과 관련된 안전장치를 설치하고 교통안전 수칙을 만들어 시킨다.
☐ 속력
☐ 회전

❷문단 속력과 관련된 (   )에는 안전띠, 에어백, 과속 방지 턱, 어린이 보호 구역 표지판 등이 있다.
☐ 안전장치
☐ 교통안전 수칙

❸문단 (   )은/는 도로 주변에서 안전을 위해 지켜야 하는 규칙이다.
☐ 안전장치
☐ 교통안전 수칙

❹문단 속력과 관련된 교통안전 수칙에는 횡단보도를 건널 때 좌우 살피기, 버스는 (   )에서 기다리기 등이 있다.
☐ 인도
☐ 차도

2 이 글을 읽고 알 수 있는 내용으로 알맞은 것에는 ○표, 알맞지 않은 것에는 ✕표 하세요.

(1) 안전띠는 도로에 설치된 안전장치이다. ⸻⸻⸻ (   )

(2) 물체의 속력이 빠를수록 다른 물체와 충돌할 때 피해가 작다. ⸻⸻ (   )

(3) 과속 방지 턱은 자동차의 속력을 빠르게 해 사고 위험을 줄여 준다. ⸻⸻ (   )

(4) 에어백은 충돌 사고가 일어났을 때 탑승자의 몸에 가해지는 충격을 줄여 준다. ⸻⸻⸻ (   )

3 교통안전 수칙에 대해 <u>잘못</u> 설명한 학생을 고르세요. ( )

① 도준: 횡단보도에서는 자전거를 타고 건너면 돼.

② 윤아: 버스를 기다릴 때는 인도에서 기다려야 해.

③ 우리: 길을 걸을 때는 휴대 전화를 보지 않아야 돼.

④ 지수: 횡단보도를 건널 때는 좌우를 살피며 건너야 해.

⑤ 슬기: 자전거나 킥보드를 탈 때는 보호 장비를 착용해야 돼.

4 이 글을 바탕으로 <보기>의 자료를 이해한 내용으로 알맞은 것을 고르세요. ( )

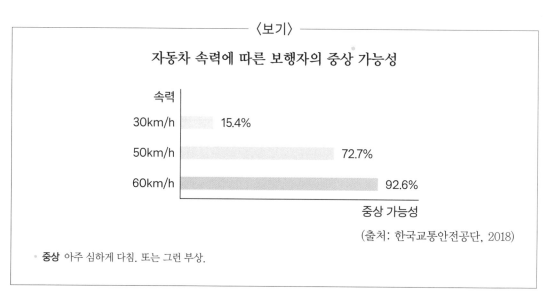

〈보기〉

자동차 속력에 따른 보행자의 중상 가능성

속력

30km/h ▨ 15.4%

50km/h ▨ 72.7%

60km/h ▨ 92.6%

중상 가능성

(출처: 한국교통안전공단, 2018)

• **중상** 아주 심하게 다침. 또는 그런 부상.

① 자동차의 속력이 빠를수록 멈추기 쉽다.

② 자동차의 속력이 느릴수록 보행자가 심하게 다칠 가능성이 크다.

③ 자동차의 속력이 빠를수록 보행자가 심하게 다칠 가능성이 크다.

④ 자동차의 속력이 빠를수록 자동차가 심하게 손상될 가능성이 작다.

⑤ 자동차의 속력과 관계없이 보행자가 심하게 다칠 가능성은 항상 일정하다.

5 다음 구조도의 빈칸에 들어갈 알맞은 어휘를 쓰세요.

속력과 관련된
안전장치와 교통안전 수칙

안전장치	교통안전 수칙
자동차에 설치된 안전장치 － 안전띠 － [　　　　] 도로에 설치된 안전장치 － 과속 방지 턱 － 어린이 보호 구역 표지판	－ [　　　　　]를 건널 때 좌우를 살핀다. － 버스를 기다릴 때 인도에서 기다린다. － 도로 주변에서 공은 공 주머니에 넣는다.

6 다음 안전장치를 보고 안전장치 (나)의 기능을 속력과 관련지어 쓰세요.

	(가)	(나)
안전장치	 과속 방지 턱	 어린이 보호 구역 표지판
안전장치의 기능	자동차의 속력을 줄이게 해 사고 위험을 줄여 줍니다.	＿＿＿＿＿＿＿＿＿＿＿＿＿＿＿＿＿＿＿＿＿＿＿＿

정답과 해설 7쪽

▼ 다음 글을 읽고 물음에 답하세요. (1~3)

(가)

100m 달리기 기록

이름	걸린 시간
나연	19초 55
민호	20초 14
지민	21초 38
보람	18초 39

(나)

3시간 동안 여러 교통수단이 이동한 거리

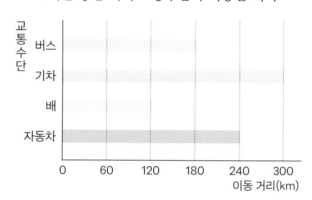

1 (가)에서 가장 빠르게 달린 사람과 그 까닭이 알맞게 짝지어진 것을 고르세요. (   )

① 지민 – 가장 오랫동안 달렸기 때문에
② 지민 – 같은 시간 동안 이동한 거리가 가장 길기 때문에
③ 보람 – 같은 시간 동안 이동한 거리가 가장 짧기 때문에
④ 지민 – 같은 거리를 이동하는 데 걸린 시간이 가장 길기 때문에
⑤ 보람 – 같은 거리를 이동하는 데 걸린 시간이 가장 짧기 때문에

2 (나)의 교통수단을 빠른 것부터 순서대로 나열한 것을 고르세요. (   )

① 배 – 버스 – 자동차 – 기차
② 배 – 자동차 – 버스 – 기차
③ 기차 – 배 – 자동차 – 버스
④ 기차 – 자동차 – 배 – 버스
⑤ 기차 – 자동차 – 버스 – 배

(다)   같은 거리를 이동한 물체의 빠르기는 물체가 이동하는 데 걸린 시간으로 비교해요. 같은 거리를 이동하는 데 걸린 시간이 짧은 물체가 걸린 시간이 긴 물체보다 더 빨라요.

　같은 시간 동안 이동한 물체의 빠르기는 물체가 이동한 거리로 비교해요. 같은 시간 동안 긴 거리를 이동한 물체가 짧은 거리를 이동한 물체보다 더 빨라요.

　물체가 이동하는 데 걸린 시간과 이동 거리가 모두 다른 물체의 빠르기는 속력으로 비교할 수 있어요. 속력은 1초, 1분, 1시간 등과 같은 단위 시간 동안 물체가 이동한 거리를 말해요. 속력이 클수록 단위 시간 동안 이동한 거리가 길어요. 따라서 속력이 큰 물체가 속력이 작은 물체보다 더 빨라요. 속력은 물체가 이동한 거리를 걸린 시간으로 나누어 구해요. 속력의 단위에는 m/s(미터 매 초), km/h(킬로미터 매 시) 등이 있어요. 예를 들어 10m/s는 1초 동안 10m를 이동한 물체의 속력을 나타내며 '십 미터 매 초'라고 읽어요. 50km/h는 1시간 동안 50km를 이동한 물체의 속력을 나타내며 '오십 킬로미터 매 시'라고 읽어요.

3 〈보기〉의 야구 경기 화면을 보고 나눈 대화 내용으로 알맞지 <u>않은</u> 것을 고르세요.　　　(　　　)

───〈보기〉───

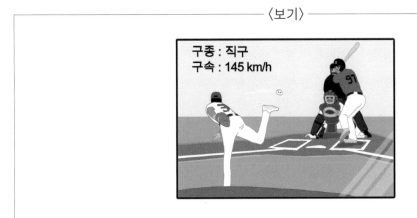

① 야구공의 속력은 145km/h야.
② 야구공의 빠르기는 130km/h보다 빨라.
③ 야구공의 빠르기를 속력으로 나타낼 수 있어.
④ 야구공의 속력은 '백사십오 킬로미터 매 시'라고 읽을 수 있어.
⑤ 야구공의 속력은 1초 동안 145km를 이동하는 물체의 속력과 같아.

▼ 문장의 빈칸에 들어갈 알맞은 어휘를 보기 에서 골라 쓰세요. (1~6)

01　온도는 어떻게 측정할까요?　　　　　보기　**수온** / **온도** / **온도계** / **체온**

(1) (　　　　　)은/는 물체나 물질의 차갑거나 따뜻한 정도를 나타낸 것이다.

(2) 온도를 측정할 때는 (　　　　)을/를 사용한다.

02　고체에서 열은 어떻게 이동할까요?　　　　보기　**단열** / **열** / **온도** / **전도**

(1) 고체에서 온도가 높은 곳에서 온도가 낮은 곳으로 고체 물질을 따라 열이 이동하는 것을
(　　　　)(이)라고 한다.

(2) 두 물체 사이에서 열의 이동을 막는 것을 (　　　)(이)라고 한다.

03　액체와 기체에서 열은 어떻게 이동할까요?　　　보기　**가열** / **대류** / **열** / **전도**

(1) 액체에서 온도가 높아진 물질이 위로 올라가면서 열이 이동하는 것을 (　　　　)(이)라고 한다.

(2) 기체에서도 온도가 높아진 물질이 위로 올라가고 위에 있던 물질이 아래로 밀려 내려오는
(　　　)에 의해 열이 이동한다.

04　물체의 운동은 어떻게 나타낼까요?　　　보기　**걸린 시간** / **빠르기** / **운동** / **이동 거리**

(1) 시간이 지남에 따라 물체의 위치가 변할 때 물체가 (　　　　　)한다고 한다.

(2) 물체의 운동은 물체가 이동하는 데 걸린 시간과 (　　　　)(으)로 나타낸다.

05　속력이란 무엇일까요?　　　　　보기　**걸린 시간** / **빠르기** / **속력** / **이동 거리**

(1) 같은 거리를 이동한 물체의 빠르기는 물체가 이동하는 데 (　　　　　)(으)로 비교한다.

(2) (　　　　　)은/는 단위 시간 동안 물체가 이동한 거리를 말한다.

06　속력과 관련된 안전장치와 교통안전 수칙에는　　보기　**교통안전 수칙** / **안전장치** / **충격** / **충돌**
　　무엇이 있을까요?

(1) 속력과 관련된 (　　　　　)에는 안전띠, 에어백, 과속 방지 턱, 어린이 보호 구역 표지판
등이 있다.

(2) (　　　　　)은/는 도로 주변에서 안전을 위해 지켜야 하는 규칙이다.

2
단원

지구와 우주

01 태양계란 무엇일까요?

정답과 해설 8쪽

✦ 개념

▼ 그림으로 중요한 개념을 만나 보세요.

태양계

태양

태양계 행성

태양계에서 유일하게 스스로
빛을 내는 천체

태양 주위를 도는 천체

* 이 그림은 태양계 행성의 크기와 행성 사이의 거리를 고려하지 않은 것입니다.

✦ 어휘

▼ 개념에서 살펴본 어휘를 문장의 빈칸에 써 보세요.

우리가 사는 **지구**는 태양계에 속해 있어요.

　　　　에는 태양과 행성이 있어요.

　　　은 태양계에서 유일하게 스스로 빛을 내는 천체로, 태양계의 중심에 있어요.

　　　　　은 태양 주위를 돌고 있어요.

태양계 행성

수성   금성   지구   화성   목성   토성   천왕성   해왕성

태양에서 가장
가까운 행성

우리가 살고
있는 행성

크고 선명한
고리가 있는 행성

태양에서 가장
먼 행성

* 이 그림은 태양계 행성의 크기와 행성 사이의 거리를 고려하지 않은 것입니다.

태양계에는 여덟 개의　　　　　　　이 있어요.

　　　　은 태양에서 가장 가까운 행성이에요.

　　　　은 태양에서 가장 먼 행성이에요.

　　　　은 크고 선명한 고리가 있는 행성이에요.

태양계란 무엇일까요?

▼ 다음 글을 읽고 물음에 답하세요. (1~6)

핵심 개념

태양계

❶ 우리가 사는 지구는 태양계에 속해 있어요. 태양계는 태양과 태양의 영향을 받는 천체, 그리고 그 주위의 공간을 말해요. 태양은 태양계의 중심에 있으며, 태양계에서 유일하게 스스로 빛을 내는 천체예요. 지구처럼 태양 주위를 도는 천체를 행성이라 하며, 태양계 행성에는 수성, 금성, 지구, 화성, 목성, 토성, 천왕성, 해왕성이 있어요.

태양계 행성의 특징

❷ 태양계 행성은 어떤 특징이 있을까요? 수성은 어두운 회색을 띠고 표면이 달처럼 울퉁불퉁하며 암석으로 이루어져 있고 고리가 없어요. 금성은 노란색을 띠고 표면이 암석으로 이루어져 있으며 고리가 없어요. 지구는 표면이 암석으로 이루어져 있고 바다가 차지하는 면적이 넓어서 파랗게 보이는 부분이 많아요. 화성은 붉은색을 띠고 표면이 암석으로 이루어져 있으며 고리가 없어요. 목성은 표면에 줄무늬가 있고 희미한 고리가 있어요. 토성은 표면이 기체로 이루어져 있고 크고 선명한 고리가 있어요. 천왕성은 청록색을 띠며 희미한 고리가 있고, 해왕성은 푸른색을 띠며 희미한 고리가 있어요. 이처럼 행성마다 표면의 색깔이나 무늬, 고리 등 겉모습이 달라요.

태양계 행성의 크기

❸ 태양계 행성은 크기도 서로 달라요. 태양계 행성 중에서 가장 작은 행성은 수성이고, 가장 큰 행성은 목성이에요. 지구와 크기가 가장 비슷한 행성은 금성으로, 지구보다 약간 작아요. 수성, 금성, 지구, 화성은 상대적으로 크기가 작은 행성이고, 목성, 토성, 천왕성, 해왕성은 상대적으로 크기가 큰 행성이에요.

태양계 행성의 거리

❹ 지구는 태양에서 매우 멀리 떨어져 있어요. 다른 행성들은 태양에서 얼마나 멀리 떨어져 있을까요? 태양계 행성 중 태양에서 가장 가까운 행성은 수성이고, 가장 먼 행성은 해왕성이에요. 태양에 가까운 행성부터 순서대로 나열하면 수성, 금성, 지구, 화성, 목성, 토성, 천왕성, 해왕성이에요. 수성, 금성, 지구, 화성은 목성, 토성, 천왕성, 해왕성에 비하면 상대적으로 태양 가까이에 있어요.

낱말 풀이

* **천체** 우주에 존재하는 모든 물체.
* **유일** 오직 하나밖에 없음.
* **고리** 긴 쇠붙이나 줄, 끈 등을 구부리고 양 끝을 맞붙여 만든 물건.
* **상대적** 서로 맞서거나 비교되는 관계에 있는 것.

1 문단별 중심 문장의 빈칸에 들어갈 알맞은 핵심 어휘를 찾아 √표 하세요.

> ### 태양계란 무엇일까요?

❶문단 태양계는 (   )과 태양의 영향을 받는 천체, 그리고 그 주 위의 공간을 말한다.

☐ 태양
☐ 행성

❷문단 (   )마다 표면의 색깔이나 무늬, 고리 등 겉모습이 다르다.

☐ 행성
☐ 태양계

❸문단 태양계 행성 중에서 가장 작은 행성은 수성이고, 가장 큰 행성은 (   )이다.

☐ 목성
☐ 토성

❹문단 태양계 행성 중 태양에서 가장 가까운 행성은 수성이고, 가장 먼 행성은 (   )이다.

☐ 천왕성
☐ 해왕성

2 이 글을 읽고 알 수 있는 내용으로 알맞은 것에는 ○표, 알맞지 않은 것에는 ×표 하세요.

(1) 지구는 태양계 행성이다. ────────────────────── (　)

(2) 화성은 크고 선명한 고리가 있다. ─────────────── (　)

(3) 태양계 행성의 크기는 서로 다르다. ─────────────── (　)

(4) 토성은 목성보다 태양 가까이에 있다. ─────────────── (　)

3 태양계에 대한 설명으로 알맞지 <u>않은</u> 것을 고르세요. ( )

① 태양은 태양계의 중심에 있다.

② 태양계에는 지구의 주위를 도는 행성이 있다.

③ 태양은 태양계에서 유일하게 스스로 빛을 내는 천체이다.

④ 태양계는 태양과 태양의 영향을 받는 천체, 그리고 그 주위의 공간을 말한다.

⑤ 태양계 행성에는 수성, 금성, 지구, 화성, 목성, 토성, 천왕성, 해왕성이 있다.

4 〈보기〉를 읽고 알 수 있는 내용으로 알맞지 <u>않은</u> 것을 고르세요. ( )

〈보기〉

(가) 지구의 반지름을 1로 보았을 때 태양계 행성의 상대적인 크기

행성	수성	금성	지구	화성	목성	토성	천왕성	해왕성
상대적인 크기	0.4	0.9	1	0.5	11.2	9.4	4.0	3.9

(나) 태양에서 지구까지의 거리를 1로 보았을 때 태양계 행성의 상대적인 거리

행성	수성	금성	지구	화성	목성	토성	천왕성	해왕성
상대적인 거리	0.4	0.7	1	1.5	5.2	9.6	19.1	30.0

① 천왕성은 해왕성보다 크기가 크다.

② 지구와 크기가 가장 비슷한 행성은 금성이다.

③ 지구보다 태양에 가까이 있는 행성은 수성, 금성이다.

④ 지구보다 크기가 작은 행성은 수성과 금성 두 개이다.

⑤ 태양에서 멀어질수록 행성 사이의 거리도 대체로 멀어진다.

다음 구조도의 빈칸에 들어갈 알맞은 어휘를 쓰세요.

태양계
태양과 태양의 영향을 받는 천체, 그리고 그 주위의 공간

☐ ☐	태양계 ☐ ☐
– 태양계의 중심에 있으며, 태양계에서 유일하게 스스로 빛을 내는 천체	– 태양 주위를 도는 천체 – 수성, 금성, 지구, 화성, 목성, 토성, 천왕성, 해왕성

태양계 행성 중에서 목성의 특징을 상대적인 크기와 관련지어 쓰세요.

행성	수성	목성
특징	– 태양에서 가장 가까운 행성입니다. – 어두운 회색을 띠고 표면이 울퉁불퉁합니다. – 고리가 없습니다. – 태양계 행성 중에서 가장 작습니다.	– 태양에서 다섯째로 가까운 행성입니다. – 표면에 줄무늬가 있습니다. – 희미한 고리가 있습니다. – - - - - - - - - - - - - - - - - - -

✦ 개념

▼ 그림으로 중요한 개념을 만나 보세요.

북쪽 밤하늘 별자리

큰곰자리

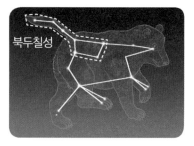

북두칠성을 포함하는 별자리

작은곰자리

북극성을 포함하는 별자리

카시오페이아자리

W 자 모양의 별자리

✦ 어휘

▼ 개념에서 살펴본 어휘를 문장의 빈칸에 써 보세요.

북쪽 밤하늘에서 여러 가지 [   ]를 볼 수 있어요.

북쪽 밤하늘에서 북두칠성을 포함하는 [   ]를 볼 수 있어요.

북쪽 밤하늘에서 북극성을 포함하는 [   ]를 볼 수 있어요.

북쪽 밤하늘에서 W 자 모양의 [   ]를 볼 수 있어요.

북두칠성과 카시오페이아자리를 이용해
북극성을 찾을 수 있어요.

별자리로 북극성 찾기

북두칠성 이용

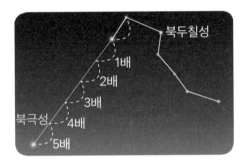

카시오페이아자리 이용

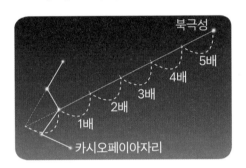

북쪽 하늘의 별자리를 이용해 [   ]을 찾을 수 있어요.

[   ]을 이용해 북극성을 찾을 수 있어요.

[   ]를 이용해 북극성을 찾을 수 있어요.

옛날 사람들은 **북극성**을 보고 방향을 찾았어요.

밤하늘에서 북극성을 어떻게 찾을까요?

핵심 개념

별과 행성

❶ 밤하늘에서 수많은 천체를 볼 수 있어요. 이 중에는 별도 있고 행성도 있어요. 별은 태양처럼 스스로 빛을 내는 천체예요. 하지만 행성은 스스로 빛을 내지 않고 태양 빛을 반사해요. 별과 행성은 또 어떤 차이점이 있을까요? 여러 날 동안 밤하늘을 관측하면 별은 거의 움직이지 않는 것처럼 보여요. 반면에 행성은 별 사이에서 위치가 변하는 것을 볼 수 있어요.

별자리

❷ 옛날 사람들은 밤하늘에 무리 지어 있는 별을 연결해 사람이나 동물, 물건의 모습을 떠올리고 이름을 붙였어요. 이렇게 무리 지어 있는 별을 연결해 이름을 붙인 것을 별자리라고 해요. 밤하늘을 관측하면 다양한 별자리를 찾을 수 있어요.

북쪽 하늘 별자리

❸ 북쪽 밤하늘에서 볼 수 있는 대표적인 별자리는 큰곰자리, 작은곰자리, 카시오페이아자리 등이에요. 큰곰자리 꼬리 부분에 있는 일곱 개의 별을 북두칠성이라고 해요. 북두칠성과 작은곰자리는 국자 모양처럼 보이고, 카시오페이아자리는 엠(M) 자 또는 더블유(W) 자 모양처럼 보여요. 우리나라에서는 큰곰자리, 작은곰자리, 카시오페이아자리를 북쪽 하늘에서 일 년 내내 볼 수 있어요.

북극성 찾는 방법

❹ 옛날 사람들은 사막이나 바다 한가운데 있을 때 밤하늘의 북극성을 이용해 방향을 찾았어요. 북극성은 항상 북쪽 하늘에서 보이고 위치가 거의 변하지 않기 때문에 북쪽을 알려 주는 나침반 역할을 했어요. 북극성을 바라보고 섰을 때 정면으로 보이는 쪽이 북쪽, 오른쪽이 동쪽, 왼쪽이 서쪽이에요. 북극성은 작은곰자리의 꼬리 부분에 있는 별로, 북쪽 하늘의 별자리인 북두칠성과 카시오페이아자리를 이용해 찾을 수 있어요. 북두칠성의 국자 모양 끝부분의 두 별을 연결하고 그 거리의 다섯 배만큼 떨어진 곳의 별을 찾아요. 이 별이 바로 북극성이에요. 또 카시오페이아자리의 바깥쪽 두 선을 연장해 만나는 점과 가운데 별을 연결하고, 그 거리의 다섯 배만큼 떨어진 곳에서 북극성을 찾을 수 있어요.

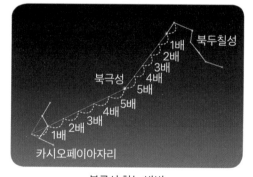

북극성 찾는 방법

낱말 풀이

- **관측** 맨눈이나 기계로 자연에서 일어나는 일을 관찰하여 측정하는 일.
- **대표적** 어떤 하나가 전체를 나타낼 만큼 특징적인 것.

1 문단별 중심 문장의 빈칸에 들어갈 알맞은 핵심 어휘를 찾아 √표 하세요.

밤하늘에서 북극성을 어떻게 찾을까요?

❶문단　(　　　)은 스스로 빛을 내는 천체이고, 행성은 스스로 빛을 내지 않고 태양 빛을 반사한다.
☐ 별
☐ 금성

❷문단　무리 지어 있는 별을 연결해 이름을 붙인 것을 (　　　)라고 한다.
☐ 천체
☐ 별자리

❸문단　(　　　) 밤하늘에서 볼 수 있는 대표적인 별자리는 큰곰자리, 작은곰자리, 카시오페이아자리 등이다.
☐ 남쪽
☐ 북쪽

❹문단　북두칠성과 카시오페이아자리를 이용해 (　　　)을 찾을 수 있다.
☐ 행성
☐ 북극성

2 이 글을 읽고 알 수 있는 내용으로 알맞은 것에는 ○표, 알맞지 않은 것에는 ✕표 하세요.

(1) 행성은 스스로 빛을 낸다. ────────────────── (　　　)

(2) 북두칠성은 국자 모양처럼 보인다. ────────────── (　　　)

(3) 옛날 사람들은 밤하늘의 북극성을 이용해 방향을 찾았다. ──── (　　　)

(4) 북극성은 북두칠성과 카시오페이아자리를 이용해 찾을 수 있다. ──── (　　　)

별자리에 대한 설명으로 알맞지 <u>않은</u> 것을 고르세요. ( )

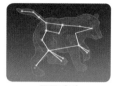
큰곰자리

작은곰자리

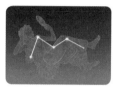
카시오페이아자리

① 작은곰자리는 국자 모양처럼 보인다.

② 별자리는 무리 지어 있는 별을 연결해 이름을 붙인 것이다.

③ 카시오페이아자리는 엠(M) 자 또는 더블유(W) 자 모양처럼 보인다.

④ 작은곰자리 꼬리 부분에 있는 일곱 개의 별을 북두칠성이라고 한다.

⑤ 북쪽 밤하늘에서 큰곰자리, 작은곰자리, 카시오페이아자리를 볼 수 있다.

〈보기〉의 ㉠에 들어갈 알맞은 말을 고르세요. ( )

─────── 〈보기〉 ───────

선생님: 다음은 여러 날 동안 같은 시각에 관측한 밤하늘에서 별과 행성의 위치를 표시한 것입니다. (가)는 별, (나)는 행성입니다. 이를 통해 알 수 있는 별과 행성의 특징은 무엇일까요?

학생: 여러 날 동안 밤하늘을 관측하면
(㉠)는
사실을 알 수 있습니다.

첫째 날
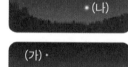

6일 뒤

12일 뒤

① 별과 행성은 모두 위치가 변한다

② 별과 행성은 모두 밝기가 변한다

③ 별과 행성은 모두 위치가 변하지 않는다

④ 별은 위치가 거의 변하지 않지만 행성은 위치가 변한다

⑤ 별은 위치가 변하지만 행성은 위치가 거의 변하지 않는다

다음 구조도의 빈칸에 들어갈 알맞은 어휘를 쓰세요.

별과 별자리

별과 행성

- ☐ : 스스로 빛을
내는 천체
- 행성: 스스로 빛을 내
지 않고 태양 빛을 반
사한다.

☐☐☐

무리 지어 있는 별을 연
결해 이름을 붙인 것
예) 큰곰자리, 작은곰자
리, 카시오페이아자
리 등

별자리로 북극성 찾기

☐☐☐☐과
카시오페이아자리를 이
용해 북극성을 찾을 수
있다.

북쪽 밤하늘의 별자리를 보고, (나)를 이용해 북극성을 찾는 방법을 쓰세요.

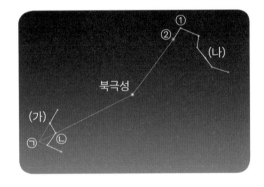

(가)를 이용해 북극성을 찾는 방법	(가)의 ㉠과 ㉡을 연결한 거리의 다섯 배만큼 떨어진 곳에서 북극성을 찾을 수 있습니다.
(나)를 이용해 북극성을 찾는 방법	

03 습도는 어떻게 측정할까요?

✦ 개념

▼ 그림으로 중요한 개념을 만나 보세요.

건습구 습도계

건구 온도계

액체샘이 젖은 헝겊으로
싸여 있지 않은 온도계

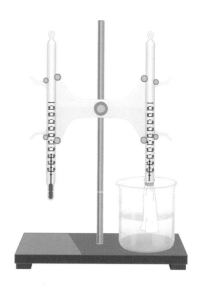

습구 온도계

액체샘이 젖은 헝겊으로
싸여 있는 온도계

✦ 어휘

▼ 개념에서 살펴본 어휘를 문장의 빈칸에 써 보세요.

건습구 습도계로 **습도**를 측정할 수 있어요.

⬚⬚⬚⬚⬚ 는 건구 온도계와 습구 온도계로 이루어져 있어요.

⬚⬚⬚ 는 액체샘이 젖은 헝겊으로 싸여 있지 않은 온도계예요.

⬚⬚⬚ 는 액체샘이 젖은 헝겊으로 싸여 있는 온도계예요.

습도와 우리 생활

습도가 높을 때

빨래가
잘 마르지 않는다

곰팡이가
생기기 쉽다

습도가 낮을 때

피부가
건조해진다

산불이
발생하기 쉽다

습도가 높으면 [   ] 가 잘 마르지 않아요.

습도가 높으면 [   ] 가 생기기 쉬워요.

습도가 낮으면 [   ] 가 건조해져요.

습도가 낮으면 [   ] 이 발생하기 쉬워요.

습도는 어떻게 측정할까요?

핵심 개념

습도

❶ 공기 중에는 눈에 보이지 않지만 수증기가 있어요. 공기 중에 수증기가 포함된 정도를 습도라고 해요.

건습구 습도계

❷ 습도는 건습구 습도계로 측정할 수 있어요. 건습구 습도계는 건구 온도계와 습구 온도계로 이루어져 있는데, 건구 온도계와 달리 습구 온도계의 액체샘 부분은 물통과 연결된 헝겊으로 싸여 있어요. 건습구 습도계로 건구 온도와 습구 온도를 측정한 다음 습도표를 이용하면 습도를 알 수 있어요. 습도표를 읽는 방법을 알아볼까요? 먼저 습도표의 세로줄에서 건구 온도를 찾아요. 그리고 가로줄에서 건구 온도와 습구 온도의 차를 찾아요. 두 값이 만나는 곳의 숫자가 현재 습도를 나타내요. 측정한 습도는 숫자에 단위 %(퍼센트)를 붙여 나타내요. 예를 들어 측정한 건구 온도가 15℃, 습구 온도가 13℃이면, 습도표의 세로줄에서 15℃를 찾아요. 그리고 건구 온도와 습구 온도의 차인 2℃를 가로줄에서 찾아요. 두 값이 만나는 곳의 숫자가 80이므로 현재 습도는 80%이고 '팔십 퍼센트'라고 읽어요.

습도표

(단위: %)

건구 온도(℃)	건구 온도와 습구 온도 차(℃)			
	0	1	②2	3
14	100	90	79	70
⑮15	100	90	80	71
16	100	90	81	71

습도의 영향

❸ 습도는 우리 생활에 어떤 영향을 줄까요? 습도가 높으면 빨래가 잘 마르지 않아요. 또 곰팡이가 생기거나 음식물이 부패하기 쉽고, 과자도 빨리 눅눅해져요. 반대로 습도가 낮으면 빨래가 잘 말라요. 또 감기에 걸리거나 산불이 발생하기 쉽고, 피부도 건조해지지요.

습도 조절 방법

❹ 이처럼 습도는 우리 생활에 많은 영향을 줘요. 따라서 우리는 상황에 맞는 습도를 유지하기 위해 다양한 방법으로 습도를 조절해요. 습도가 높을 때는 제습기를 이용해 방 안의 실내 습도를 낮추고, 옷장에는 습기 제거제를 넣어 습도를 낮춰요. 반대로 습도가 낮을 때는 가습기를 틀거나 실내에 젖은 수건을 널어 습도를 높여요.

낱말 풀이

- **곰팡이** 어둡고 습기가 찬 곳에서 자라는 균류.
- **부패** 썩는 것. 단백질이나 지방 등이 세균, 곰팡이 같은 미생물의 작용에 의하여 분해되는 과정이다.
- **눅눅하다** 물기나 기름기가 있어 딱딱하지 않고 무르며 부드럽다.
- **제습기** 공기 중의 수분을 흡수하거나 물로 응축하여 습기를 제거하는 전기 기구.

1 문단별 중심 문장의 빈칸에 들어갈 알맞은 핵심 어휘를 찾아 √표 하세요.

습도는 어떻게 측정할까요?

❶문단　공기 중에 수중기가 포함된 정도를 (　　　)라고 한다.

☐ 습도
☐ 온도

❷문단　건습구 (　　　)로 습도를 측정할 수 있다.

☐ 습도계
☐ 온도계

❸문단　습도는 우리 생활에 많은 (　　　)을/를 준다.

☐ 영향
☐ 피해

❹문단　습도가 높거나 낮을 때는 제습기, (　　　) 등을 이용해 습도를 조절한다.

☐ 가습기
☐ 청소기

2 이 글을 읽고 알 수 있는 내용으로 알맞은 것에는 ○표, 알맞지 않은 것에는 ✕표 하세요.

(1) 습도가 높으면 빨래가 잘 마른다. ┈┈┈┈┈┈┈┈┈┈┈┈┈┈┈┈┈┈ (　　　)

(2) 습도가 낮으면 산불이 발생하기 쉽다. ┈┈┈┈┈┈┈┈┈┈┈┈┈┈┈ (　　　)

(3) 습도가 낮을 때는 제습기를 이용해 실내 습도를 높인다. ┈┈┈┈┈ (　　　)

(4) 습도표를 읽을 때 습도표의 세로줄에서 건구 온도를 찾는다. ┈┈┈ (　　　)

3 건습구 습도계에 대한 설명으로 알맞지 <u>않은</u> 것을 고르세요.　　　　　（　　）

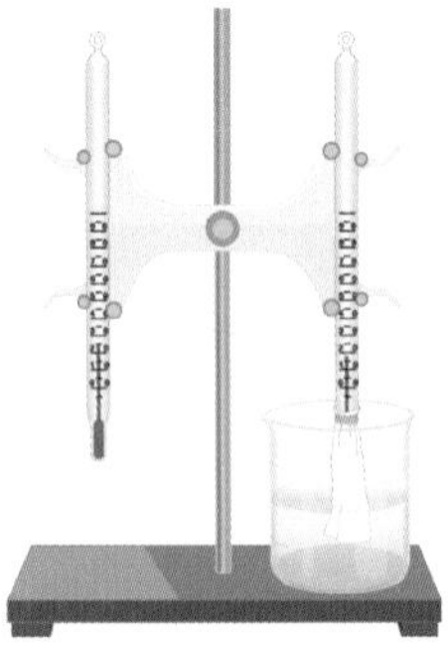

① 건습구 습도계로 습도를 측정할 수 있다.

② 습구 온도계의 액체샘은 헝겊으로 싸여 있다.

③ 습도를 구하기 위해서는 습구 온도만 알면 된다.

④ 건습구 습도계는 건구 온도계와 습구 온도계로 이루어져 있다.

⑤ 건습구 습도계로 측정한 습도는 숫자에 단위 %를 붙여 나타낸다.

4 (나)의 습도표를 이용하여 (가)의 현재 습도를 구한 것으로 알맞은 것을 고르세요.　　（　　）

──────── 〈보기〉 ────────

(가) – 측정 장소: 교실

　　 – 측정 결과: 건구 온도 21℃, 습구 온도 18℃

(나)　　　　　　　　　　　　　　　습도표

（단위: %）

건구 온도(℃)	건구 온도와 습구 온도 차(℃)				
	0	1	2	3	4
20	100	91	83	74	66
21	100	91	83	75	67
22	100	92	83	76	68
23	100	92	84	76	69

① 67%　　　② 69%　　　③ 74%　　　④ 75%　　　⑤ 83%

요약하여
쓰기

5 다음 구조도의 빈칸에 들어갈 알맞은 어휘를 쓰세요.

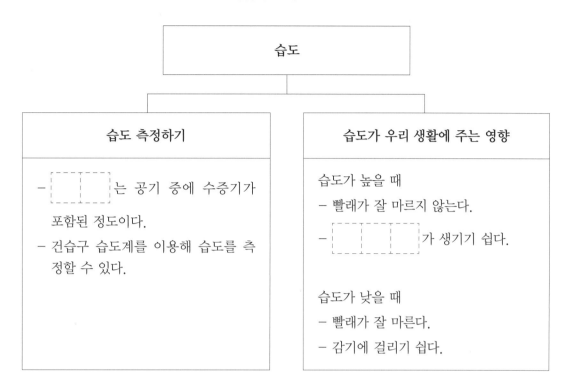

습도

습도 측정하기	습도가 우리 생활에 주는 영향
– [ ]는 공기 중에 수증기가 포함된 정도이다. – 건습구 습도계를 이용해 습도를 측정할 수 있다.	습도가 높을 때 – 빨래가 잘 마르지 않는다. – [ ]가 생기기 쉽다. 습도가 낮을 때 – 빨래가 잘 마른다. – 감기에 걸리기 쉽다.

서술형
쓰기

6 (가)~(다) 중 습도가 낮을 때 우리 생활에 영향을 주는 사례를 찾아 기호를 쓰고, 이때 습도를 조절하는 방법을 쓰세요.

(가) 피부가 건조해.

(나) 빨래가 잘 마르지 않아.

(다) 곰팡이가 생겼어.

습도가 낮을 때	- - - - - - - - - - - - - - - -
습도 조절 방법	- -

04 이슬, 안개, 구름은 어떻게 만들어질까요?

✦ 개념

▼ 그림으로 중요한 개념을 만나 보세요.

수증기의 응결

이슬

공기 중의 수증기가 응결해
물체 표면에 맺힌 것

안개

공기 중의 수증기가 응결해
지표면 근처에 떠 있는 것

구름

공기 중의 수증기가 응결해
하늘에 떠 있는 것

✦ 어휘

▼ 개념에서 살펴본 어휘를 문장의 빈칸에 써 보세요.

이슬, 안개, 구름은 공기 중의 수증기가 **응결**해 생겨요.

☐☐ 은 공기 중의 수증기가 응결해 물체의 표면에 맺힌 거예요.

☐☐ 는 공기 중의 수증기가 응결해 지표면 근처에 떠 있는 거예요.

☐☐ 은 공기 중의 수증기가 응결해 하늘에 떠 있는 거예요.

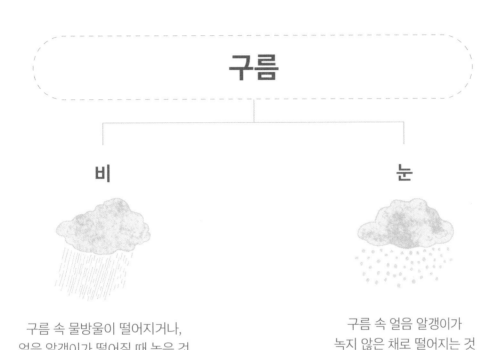

구름

비

구름 속 물방울이 떨어지거나,
얼음 알갱이가 떨어질 때 녹은 것

눈

구름 속 얼음 알갱이가
녹지 않은 채로 떨어지는 것

□ 속 물방울이나 얼음 알갱이는 비나 눈이 되어 내려요.

□ 는 구름 속 작은 물방울이 합쳐지면서 무거워져 떨어지는 것이에요.

구름 속 얼음 알갱이가 무거워져 떨어지면서 녹은 것도 **비**예요.

□ 은 구름 속 얼음 알갱이가 녹지 않은 채로 떨어지는 것이에요.

이슬, 안개, 구름은 어떻게 만들어질까요?

핵심 개념

수증기의 응결

❶ 풀잎에 맺힌 이슬, 뿌옇게 낀 안개, 하늘에 떠 있는 구름은 어떻게 만들어지는 걸까요? 공기 중의 수증기가 물방울로 변하는 현상을 응결이라고 하는데, 이슬, 안개, 구름은 모두 공기 중의 수증기가 응결해 나타나는 현상이에요.

이슬

❷ 이슬은 밤새 차가워진 풀잎이나 나뭇가지 같은 물체 표면에 공기 중의 수증기가 응결해 물방울로 맺힌 것이에요. 이슬 발생 실험을 통해 이슬이 만들어지는 과정을 알아볼까요? 먼저 집기병에 물과 조각 얼음을 넣어요. 집기병 표면을 마른 수건으로 닦은 다음, 집기병 표면에서 나타나는 변화를 관찰하면 집기병 표면에 작은 물방울이 맺히는 것을 볼 수 있어요. 이러한 현상이 나타나는 까닭은 집기병 주변에 있던 공기 중의 수증기가 응결해 차가운 집기병 표면에 물방울로 맺히기 때문이에요.

안개

❸ 안개는 밤에 지표면 근처에 있는 공기의 온도가 낮아지면서 공기 중의 수증기가 응결해 작은 물방울로 떠 있는 것이에요. 안개 발생 실험을 통해 안개가 만들어지는 과정을 알아볼 수 있어요. 집기병에 따뜻한 물을 가득 넣어 집기병 안을 데운 뒤에 물을 버려요. 그리고 향에 불을 붙여 집기병에 향을 넣었다가 빼요. 페트리 접시에 조각 얼음을 담은 뒤 집기병 위에 올려놓고 변화를 관찰하면 집기병 안이 뿌옇게 흐려지는 것을 관찰할 수 있어요. 이러한 현상이 나타나는 까닭은 페트리 접시에 담긴 조각 얼음 때문에 집기병이 차가워지면서 집기병 안에 있던 수증기가 응결해 작은 물방울로 떠 있기 때문이에요.

구름, 비, 눈

❹ 구름은 어떻게 만들어질까요? 공기가 지표면에서 하늘로 올라가면 부피가 점점 커지고 온도가 점점 낮아져요. 이때 공기 중의 수증기가 응결해 물방울이 되거나 얼음 알갱이로 얼어 하늘에 떠 있는 것을 구름이라고 해요. 구름 속 물방울이나 얼음 알갱이는 비나 눈이 되어 내려요. 비는 구름 속 작은 물방울이 합쳐지면서 무거워져 떨어지거나, 구름 속 작은 얼음 알갱이가 커지면서 무거워져 떨어질 때 녹은 것이에요. 눈은 구름 속 얼음 알갱이가 커지면서 무거워져 떨어질 때 녹지 않은 채로 떨어지는 것이에요.

낱말 풀이

• **발생** 어떤 일이나 사물이 생겨남.
• **집기병** 화학 실험 기구의 하나. 기체를 모으는, 유리로 된 병을 말한다.
• **지표면** 지구의 표면. 또는 땅의 겉면.
• **향** 불에 태워서 냄새와 연기를 내는 물건.

1 문단별 중심 문장의 빈칸에 들어갈 알맞은 핵심 어휘를 찾아 √표 하세요.

> **이슬, 안개, 구름은 어떻게 만들어질까요?**

①문단 이슬, 안개, 구름은 모두 공기 중의 수증기가 (   )해 나타 나는 현상이다.
- ☐ 응결
- ☐ 증발

②문단 (   )은 차가워진 물체 표면에 공기 중의 수증기가 응결해 물방울로 맺힌 것이다.
- ☐ 눈
- ☐ 이슬

③문단 (   )는 지표면 근처에 있는 공기 중의 수증기가 응결해 작은 물방울로 떠 있는 것이다.
- ☐ 비
- ☐ 안개

④문단 (   )은 공기 중의 수증기가 응결해 물방울이 되거나 얼음 알갱이로 얼어 하늘에 떠 있는 것이다.
- ☐ 구름
- ☐ 이슬

2 이 글을 읽고 알 수 있는 내용으로 알맞은 것에는 ○표, 알맞지 않은 것에는 ✕표 하세요.

(1) 안개는 지표면 근처에서 만들어진다. ⋯⋯⋯⋯⋯⋯⋯⋯⋯⋯⋯⋯⋯⋯ (   )

(2) 이슬은 공기 중의 수증기가 응결해 만들어진다. ⋯⋯⋯⋯⋯⋯⋯⋯⋯ (   )

(3) 구름 속 물방울이나 얼음 알갱이는 비나 눈이 되어 내린다. ⋯⋯⋯⋯ (   )

(4) 얼음을 넣은 집기병 표면에 작은 물방울이 맺히는 것은 구름과 관련이 있다.

⋯⋯⋯⋯⋯⋯⋯⋯⋯⋯⋯⋯⋯⋯⋯⋯⋯⋯⋯⋯⋯⋯⋯⋯⋯⋯⋯⋯⋯⋯⋯⋯⋯⋯⋯⋯ (   )

3 구름에 대한 설명으로 알맞지 <u>않은</u> 것을 고르세요. ( )

① 구름은 수증기가 응결해 만들어진다.

② 구름은 안개보다 높은 곳에서 만들어진다.

③ 구름 속 얼음 알갱이가 녹지 않은 채로 떨어지면 눈이 된다.

④ 구름 속 작은 물방울이 합쳐지면서 무거워져 떨어지면 안개가 된다.

⑤ 구름 속 얼음 알갱이가 커지면서 무거워져 떨어질 때 녹아서 떨어지면 비가 된다.

4 〈보기〉의 빈칸에 들어갈 세 컷 만화의 제목으로 가장 알맞은 것을 고르세요. ( )

① 눈이 내리는 과정

② 비가 내리는 과정

③ 비와 눈이 내리는 과정

④ 구름이 만들어지는 과정

⑤ 안개가 만들어지는 과정

5 다음 구조도의 빈칸에 들어갈 알맞은 어휘를 쓰세요.

6 이슬, 안개, 구름의 공통점을 쓰세요.

현상	이슬	안개	구름
공통점	- -		
차이점	차가워진 물체 표면에 맺힙니다.	지표면 근처에 떠 있습니다.	하늘에 떠 있습니다.

05 바람이 부는 까닭은 무엇일까요?

정답과 해설 12쪽

✦ 개념

▼ 그림으로 중요한 개념을 만나 보세요.

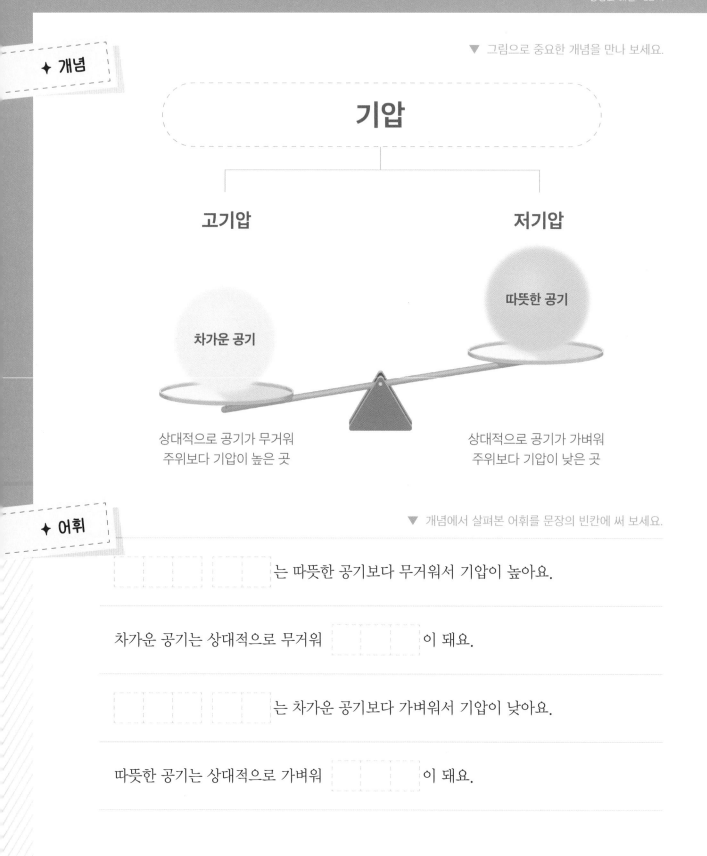

기압

고기압

차가운 공기

상대적으로 공기가 무거워
주위보다 기압이 높은 곳

저기압

따뜻한 공기

상대적으로 공기가 가벼워
주위보다 기압이 낮은 곳

✦ 어휘

▼ 개념에서 살펴본 어휘를 문장의 빈칸에 써 보세요.

[   ]는 따뜻한 공기보다 무거워서 기압이 높아요.

차가운 공기는 상대적으로 무거워 [   ]이 돼요.

[   ]는 차가운 공기보다 가벼워서 기압이 낮아요.

따뜻한 공기는 상대적으로 가벼워 [   ]이 돼요.

바람

바람

고기압 ──────────→ 저기압

공기가 이동한다

차가운 공기 　　　　　　　　　　따뜻한 공기

두 지역 간 공기의 온도 차로 **기압 차**가 생겨요.

차가운 공기는 [　　　] 이 되고 따뜻한 공기는 [　　　] 이 돼요.

[　　] 가 고기압에서 저기압으로 이동해요.

[　　] 은 고기압에서 저기압으로 불어요.

바람이 부는 까닭은 무엇일까요?

핵심 개념

기압

① 공기는 눈에 보이지 않지만 무게가 있어요. 공기의 무게로 생기는 힘을 기압이라고 해요. 공기가 무거울수록 기압이 높아져요.

고기압과
저기압

② 공기의 무게는 공기의 온도에 따라 달라져요. 이를 실험을 통해 알아볼 수 있어요. 플라스틱 통 안에 머리말리개로 차가운 공기를 넣은 뒤 뚜껑을 닫고 플라스틱 통의 무게를 전자저울로 측정해요. 이번에는 플라스틱 통 안에 머리말리개로 따뜻한 공기를 넣은 뒤 뚜껑을 닫고 플라스틱 통의 무게를 전자저울로 측정해요. 차가운 공기와 따뜻한 공기를 넣은 플라스틱 통의 무게를 비교해 보면 차가운 공기를 넣은 플라스틱 통이 따뜻한 공기를 넣은 플라스틱 통보다 더 무거워요. 이를 통해 같은 부피일 때 차가운 공기는 따뜻한 공기보다 무겁다는 것을 알 수 있어요. 차가운 공기는 따뜻한 공기보다 무거워 기압이 더 높지요. 이처럼 상대적으로 공기가 무거워 주위보다 기압이 높은 곳을 고기압이라 하고, 상대적으로 공기가 가벼워 주위보다 기압이 낮은 곳을 저기압이라고 해요.

바람

③ 어느 두 지역 사이에 기압 차가 생기면 공기가 고기압에서 저기압으로 이동하는데, 이를 바람이라고 해요. 즉 바람은 고기압에서 저기압으로 불어요. 온도가 다른 두 지면 위에 있는 공기는 온도가 달라져 기압도 달라져요. 온도가 낮은 지면 위의 차가운 공기는 고기압이 되고, 온도가 높은 지면 위의 따뜻한 공기는 저기압이 돼요. 이처럼 공기의 온도 차에 의해 두 지역 사이에 기압 차가 생기면 공기가 고기압에서 저기압으로 이동하면서 바람이 불어요.

바닷가에서
부는 바람

④ 맑은 날 바닷가에서는 낮과 밤에 부는 바람의 방향이 달라요. 낮에는 육지가 바다보다 빨리 데워져 육지가 바다보다 온도가 높아요. 이로 인해 육지 위는 저기압, 바다 위는 고기압이 되어 바다에서 육지로 바람이 불어요. 반대로 밤에는 육지가 바다보다 빨리 식어서 육지가 바다보다 온도가 낮아요. 따라서 육지 위는 고기압, 바다 위는 저기압이 되어 육지에서 바다로 바람이 불지요.

낱말 풀이

- **무게** 물건의 무거운 정도.
- **전자저울** 전자 장치를 써서 저울판 위에 올려놓은 물체의 무게가 숫자로 나타나는 저울.
- **데우다** 식었거나 찬 것을 덥게 하다.

1 문단별 중심 문장의 빈칸에 들어갈 알맞은 핵심 어휘를 찾아 √표 하세요.

> ### 바람이 부는 까닭은 무엇일까요?

❶ 문단 공기의 무게로 생기는 힘을 (   )이라고 한다.
☐ 기압
☐ 바람

❷ 문단 주위보다 기압이 높은 곳을 (   )이라 하고, 주위보다 기압이 낮은 곳을 저기압이라고 한다.
☐ 고온
☐ 고기압

❸ 문단 두 지역 사이에 기압 차가 생기면 공기가 고기압에서 저기압으로 이동하는데, 이를 (   )이라고 한다.
☐ 기온
☐ 바람

❹ 문단 맑은 날 바닷가에서 (   )에는 바다에서 육지로 바람이 불고, 밤에는 육지에서 바다로 바람이 분다.
☐ 낮
☐ 새벽

2 이 글을 읽고 알 수 있는 내용으로 알맞은 것에는 ○표, 알맞지 않은 것에는 ✕표 하세요.

(1) 바람은 저기압에서 고기압으로 분다. ----------------------------------- (   )

(2) 차가운 공기가 따뜻한 공기보다 더 가볍다. ------------------------------ (   )

(3) 온도가 다른 두 지면 위에 있는 공기는 기압이 다르다. ------------------ (   )

(4) 맑은 날 바닷가에서 밤에는 육지 위가 고기압, 바다 위가 저기압이 된다. ------ (   )

3 기압에 대한 설명으로 알맞지 <u>않은</u> 것을 고르세요.　　　　　　　　　(　　)

① 공기의 무게로 생기는 힘이다.

② 공기가 무거울수록 기압이 높아진다.

③ 차가운 공기는 따뜻한 공기보다 기압이 낮다.

④ 두 지역 사이에 기압 차가 생기면 바람이 분다.

⑤ 주위보다 기압이 낮은 곳을 저기압이라고 한다.

4 이 글을 바탕으로 〈보기〉를 이해한 내용으로 알맞지 <u>않은</u> 것을 고르세요.　　(　　)

─────── 〈보기〉 ───────

바람 발생 모형실험

1. 투명한 상자 안에 따뜻한 물을 담은 그릇과 얼음물을 담은 그릇을 넣는다.
2. 고무찰흙에 향을 꽂아 두 그릇 사이에 놓는다.
3. 5분 정도 기다린 뒤 향에 불을 붙이고 향 연기의 움직임을 관찰해 본다.

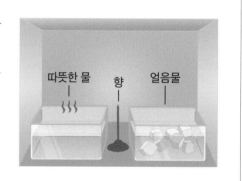

① 향 연기의 움직임은 바람을 나타낸다.

② 따뜻한 물 위의 공기는 저기압이 된다.

③ 향 연기는 따뜻한 물 쪽에서 얼음물 쪽으로 이동한다.

④ 따뜻한 물 위의 공기는 상대적으로 주위보다 온도가 높다.

⑤ 따뜻한 물과 얼음물 위 공기의 온도 차 때문에 기압 차가 생긴다.

다음 구조도의 빈칸에 들어갈 알맞은 어휘를 쓰세요.

```
┌─────────────────────────────────┐
│            기압과 바람            │
└─────────────────────────────────┘
        ┌──────────┴──────────┐
┌────────────────┐   ┌────────────────────┐
│      기압       │   │        바람         │
├────────────────┤   ├────────────────────┤
│ - [    ]: 주위보다 기압이 │   │ 두 지역 사이에 [    ]가 │
│   높은 곳       │   │ 생겨 공기가 고기압에서 저기압으로 이 │
│ - 저기압: 주위보다 기압이 낮은 곳 │   │ 동하는 것          │
└────────────────┘   └────────────────────┘
```

(가)와 (나) 중 맑은 날 낮에 바닷가에서 부는 바람의 방향을 찾아 기호를 쓰고, 그 까닭을 쓰세요.

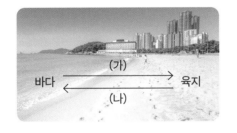

〈조건〉

1. 다음 낱말을 모두 넣어 쓰세요.
   (고기압) (바다) (육지) (저기압)
2. 한 문장으로 쓰세요.

바람의 방향	- - - - - - - - - - -
까닭	낮에는 육지가 바다보다 온도가 높습니다. 따라서 - - - - - - - - - - - -

06 우리나라의 계절별 날씨는 어떤 특징이 있을까요?

정답과 해설 13쪽

✦ 개념

▼ 그림으로 중요한 개념을 만나 보세요.

계절별 날씨에 영향을 주는 공기 덩어리

봄·가을

따뜻하고 건조한
공기 덩어리

여름

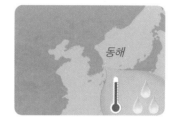

따뜻하고 습한
공기 덩어리

겨울

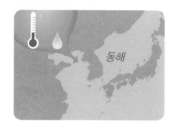

차갑고 건조한
공기 덩어리

✦ 어휘

▼ 개념에서 살펴본 어휘를 문장의 빈칸에 써 보세요.

우리나라는 계절별로 성질이 다른 [　　　　　　]의 영향을 받아요.

봄·가을에는 따뜻하고 [　　]한 공기 덩어리의 영향을 받아요.

여름에는 따뜻하고 [　]한 공기 덩어리의 영향을 받아요.

겨울에는 [　　]고 건조한 공기 덩어리의 영향을 받아요.

계절별 날씨

봄·가을

따뜻하고 건조하다

여름

덥고 습하다

겨울

춥고 건조하다

우리나라는 계절별로 성질이 다른 공기 덩어리의 영향을 받아 ⬚⬚ 가 달라요.

봄·가을은 따뜻하고 ⬚⬚ 해 요 .

여름은 덥고 ⬚ 해 요 .

겨울은 ⬚ 고 건조해요.

우리나라의 계절별 날씨는 어떤 특징이 있을까요?

핵심 개념

공기 덩어리

❶ 우리나라는 봄, 여름, 가을, 겨울 계절마다 날씨가 달라요. 계절별 날씨는 우리나라에 영향을 주는 공기 덩어리와 관련이 있어요. 대륙이나 바다와 같이 넓은 곳을 덮고 있는 공기 덩어리가 한 지역에 오랫동안 머물면 공기 덩어리는 그 지역의 온도나 습도와 비슷한 성질을 갖게 돼요. 예를 들어 춥고 건조한 지역에 오랫동안 머문 공기 덩어리는 차갑고 건조해지고, 따뜻하고 습한 지역에 오랫동안 머문 공기 덩어리는 따뜻하고 습해져요. 이렇게 일정한 성질을 가진 공기 덩어리가 다른 지역으로 이동해 가면 이동한 지역의 날씨에 영향을 줘요. 우리나라도 계절에 따라 주변 지역에서 성질이 다른 공기 덩어리가 이동해 오면서 날씨가 달라져요.

공기 덩어리의
성질

❷ 우리나라 주변에는 대륙과 바다가 있어요. 대륙에서 이동해 오는 공기 덩어리는 건조하고, 바다에서 이동해 오는 공기 덩어리는 습해요. 또 북쪽에서 이동해 오는 공기 덩어리는 차갑고, 남쪽에서 이동해 오는 공기 덩어리는 따뜻해요. 이처럼 대륙과 바다, 북쪽과 남쪽에서 이동해 오는 공기 덩어리는 성질이 달라요.

계절별 날씨와
공기 덩어리

❸ 우리나라는 계절별로 다른 성질을 가진 공기 덩어리의 영향을 받아 날씨가 달라요. 봄과 가을에는 주로 남서쪽 대륙에서 이동해 오는 따뜻하고 건조한 공기 덩어리의 영향을 받아 따뜻하고 건조해요. 여름에는 남동쪽 바다에서 이동해 오는 따뜻하고 습한 공기 덩어리의 영향을 받아 덥고 습해요. 겨울에는 북서쪽 대륙에서 이동해 오는 차갑고 건조한 공기 덩어리의 영향을 받아 춥고 건조해요. 이 외에도 초여름에는 북동쪽 바다에서 이동해 오는 차갑고 습한 공기 덩어리의 영향을 받아요. 이 공기 덩어리의 영향으로 초여름에 동해안 지역에서 온도가 갑자기 낮아지는 현상이 나타나기도 해요.

계절별 날씨와
생활

❹ 계절별 날씨는 우리 생활에 많은 영향을 미쳐요. 봄과 가을에는 날씨가 따뜻해서 간편한 옷차림으로 야외 활동을 주로 해요. 여름에는 더워서 얇은 옷을 입고 에어컨이나 선풍기를 이용해 시원한 바람을 쐬요. 겨울에는 추워서 두꺼운 옷을 입고 실내 활동을 주로 하고, 건조해서 가습기를 사용해요.

낱말 풀이

• **날씨** 그날그날의 비, 구름, 바람, 기온 등이 나타나는 기상 상태.
• **대륙** 바다로 둘러싸인 크고 넓은 땅.
• **건조** 말라서 물기나 습기가 없는 것.

1 문단별 중심 문장의 빈칸에 들어갈 알맞은 핵심 어휘를 찾아 √표 하세요.

우리나라의 계절별 날씨는 어떤 특징이 있을까요?

❶문단 일정한 성질을 가진 (　　　)이/가 다른 지역으로 이동해 가 　 □ 바람
면 그 지역의 날씨에 영향을 준다. 　 □ 공기 덩어리

❷문단 대륙과 바다, 북쪽과 남쪽에서 이동해 오는 공기 덩어리는 　 □ 성질
(　　　)이/가 다르다. 　 □ 생김새

❸문단 우리나라는 (　　　)로 다른 성질을 가진 공기 덩어리의 영향 　 □ 계절별
을 받아 날씨가 다르다. 　 □ 시간별

❹문단 계절별 (　　　)은/는 우리 생활에 많은 영향을 미친다. 　 □ 날씨
　 □ 옷차림

2 이 글을 읽고 알 수 있는 내용으로 알맞은 것에는 ○표, 알맞지 않은 것에는 ×표 하세요.

(1) 우리나라의 여름 날씨는 덥고 건조하다. ──────────── (　　　)

(2) 대륙에서 이동해 오는 공기 덩어리는 습하다. ──────────── (　　　)

(3) 겨울에는 추워서 두꺼운 옷을 입고 실내 활동을 주로 한다. ──────── (　　　)

(4) 겨울에는 남동쪽 바다에서 이동해 오는 공기 덩어리의 영향을 받는다. ──── (　　　)

3 우리나라의 계절과 계절별 날씨에 영향을 주는 공기 덩어리가 연결된 것으로 알맞지 <u>않은</u> 것을 고르세요. ( )

계절		공기 덩어리
①	봄 –	따뜻하고 건조한 공기 덩어리
②	초여름 –	차갑고 습한 공기 덩어리
③	여름 –	따뜻하고 습한 공기 덩어리
④	가을 –	따뜻하고 습한 공기 덩어리
⑤	겨울 –	차갑고 건조한 공기 덩어리

4 이 글을 바탕으로 할 때, 〈보기〉의 ㉠~㉣에 대한 설명으로 알맞지 <u>않은</u> 것을 고르세요. ( )

― 〈보기〉 ―

우리나라의 계절별 날씨에 영향을 주는 공기 덩어리

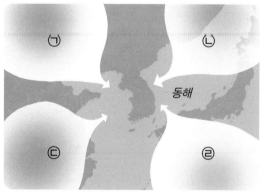

① ㉠은 차갑고 건조하다.

② ㉡은 초여름에 영향을 준다.

③ ㉢은 따뜻하고 습한 성질이 있다.

④ ㉢은 봄과 가을 날씨에 영향을 준다.

⑤ ㉣의 영향을 받으면 날씨가 덥고 습해진다.

다음 구조도의 빈칸에 들어갈 알맞은 어휘를 쓰세요.

계절별 날씨와 공기 덩어리

봄·가을	여름	겨울
따뜻하고 건조한 공기 덩어리의 영향을 받아 따뜻하고 건조하다.	따뜻하고 [ ] 공기 덩어리의 영향을 받아 덥고 습하다.	차갑고 [ ] 공기 덩어리의 영향을 받아 춥고 건조하다.

우리나라 겨울 날씨의 특징을 계절별 날씨에 영향을 주는 공기 덩어리의 성질과 관련지어 쓰세요.

계절	여름	겨울
날씨의 특징	여름에는 따뜻하고 습한 공기 덩어리의 영향으로 덥고 습합니다.	

▼ 다음 글을 읽고 물음에 답하세요. (1~3)

(가)

습도표

(단위: %)

건구 온도(℃)	건구 온도와 습구 온도 차(℃)				
	0	1	2	3	4
20	100	91	83	74	66
21	100	91	83	75	67
22	100	92	83	76	68
23	100	92	84	76	69

(나)

맑은 날 낮에 바닷가에서 부는 바람

바다 ———→ 육지
바람의 방향

1 (가)와 (다)를 통해 알 수 있는 내용으로 알맞지 <u>않은</u> 것을 고르세요.　　(　)

① 건습구 습도계로 습도를 측정할 수 있다.

② 건구 온도와 습구 온도가 같을 때 현재 습도는 100%이다.

③ 건구 온도와 습구 온도의 차가 커질수록 습도는 높아진다.

④ 건구 온도가 23℃, 습구 온도가 21℃일 때, 현재 습도는 84%이다.

⑤ 습도를 구하기 위해서는 건구 온도와 습구 온도를 모두 알아야 된다.

2 (나)와 (라)를 바탕으로 할 때, 맑은 날 낮에 바닷가에서 나타나는 현상으로 알맞지 <u>않은</u> 것을 고르세요.　　　　　　　　　　　　　　　　　　　　　　(　)

① 바다에서 육지로 바람이 분다.

② 바다에서 육지로 공기가 이동한다.

③ 기압은 바다 위가 육지 위보다 높다.

④ 바다 위가 육지 위보다 공기의 온도가 낮다.

⑤ 바다 위는 저기압, 육지 위는 고기압이 된다.

(다)　공기 중에 수증기가 포함된 정도를 습도라고 해요. 습도는 건습구 습도계로 측정할 수 있어요. 건습구 습도계로 건구 온도와 습구 온도를 측정한 다음 습도표를 이용하면 습도를 알 수 있어요. 습도표를 읽는 방법을 알아볼까요? 먼저 습도표의 세로줄에서 건구 온도를 찾아요. 그리고 가로줄에서 건구 온도와 습구 온도의 차를 찾아요. 두 값이 만나는 곳의 숫자가 현재 습도를 나타내요. 측정한 습도는 숫자에 단위 %(퍼센트)를 붙여 나타내요.

(라)　공기의 무게로 생기는 힘을 기압이라고 해요. 공기가 무거울수록 기압이 높아져요. 차가운 공기는 따뜻한 공기보다 무거워 기압이 더 높지요. 이처럼 상대적으로 공기가 무거워 주위보다 기압이 높은 곳을 고기압이라 하고, 상대적으로 공기가 가벼워 주위보다 기압이 낮은 곳을 저기압이라고 해요. 어느 두 지역 사이에 기압 차가 생기면 공기가 고기압에서 저기압으로 이동하는데, 이를 바람이라고 해요. 즉 바람은 고기압에서 저기압으로 불어요.

3 〈보기〉의 일기 예보에서 ㉠과 같은 현상이 일어나는 까닭으로 가장 알맞은 것을 고르세요. (　　　)

─────── 〈보기〉 ───────

○○월 ○○일 일기 예보

　안녕하세요. 오늘 날씨 알아보겠습니다. 오늘도 전국이 대체로 맑겠습니다. 중국 북부 지방의 고기압이 남동쪽으로 이동하면서 오늘 우리나라 서쪽에는 고기압이, 동쪽에는 저기압이 위치하겠습니다. 이에 따라 차갑고 건조한 ㉠북서풍이 불면서 추운 날씨를 보이겠습니다. 한편 오랜 기간 비 소식이 없으면서 대기가 점점 건조해지고 있는데요. 오늘도 전국이 매우 건조하겠습니다. 건조한 날씨에 바람까지 강하게 불면서 작은 불씨가 큰불로 이어질 수 있으니 화재 예방에 유의하시기 바랍니다.

① 공기의 무게가 가볍기 때문에

② 두 지역 사이의 기압 차 때문에

③ 두 지역 사이의 습도 차 때문에

④ 공기 중 수증기의 양이 많기 때문에

⑤ 두 지역 사이의 온도 차가 없기 때문에

▼ 문장의 빈칸에 들어갈 알맞은 어휘를 보기 에서 골라 쓰세요. (1~6)

01 태양계란 무엇일까요?　　　　　　　보기 **금성 / 수성 / 태양계 / 행성**

(1) (　　　　　)은/는 태양과 태양의 영향을 받는 천체, 그리고 그 주위의 공간을 말한다.

(2) 태양계 행성 중 가장 작은 행성은 (　　　　)(이)고, 가장 큰 행성은 목성이다.

02 밤하늘에서 북극성을 어떻게 찾을까요?　　　보기 **별 / 별자리 / 북극성 / 행성**

(1) 무리 지어 있는 별을 연결해 이름을 붙인 것을 (　　　)(이)라고 한다.

(2) 북두칠성과 카시오페이아자리를 이용해 (　　　)을/를 찾을 수 있다.

03 습도는 어떻게 측정할까요?　　　　보기 **건습구 습도계 / 습구 온도계 / 습도 / 온도**

(1) 공기 중에 수증기가 포함된 정도를 (　　　　　)라고 한다.

(2) (　　　　　)로 습도를 측정할 수 있다.

04 이슬, 안개, 구름은 어떻게 만들어질까요?　　보기 **구름 / 안개 / 응결 / 이슬**

(1) 이슬, 안개, 구름은 모두 공기 중의 수증기가 (　　　)해 나타나는 현상이다.

(2) (　　　)은/는 지표면 근처에 있는 공기의 온도가 낮아지면서 공기 중의 수증기가 응결해 작은 물방울로 떠 있는 것이다.

05 바람이 부는 까닭은 무엇일까요?　　　　보기 **고기압 / 기압 / 바람 / 저기압**

(1) 공기의 무게로 생기는 힘을 (　　　)이라고 한다.

(2) 두 지역 사이에 기압 차가 생기면 공기가 고기압에서 저기압으로 이동하는데, 이를 (　　　　)이라고 한다.

06 우리나라의 계절별 날씨는 어떤 특징이 있을까요? 보기 **공기 덩어리 / 날씨 / 습도 / 온도**

(1) 일정한 성질을 가진 (　　　　)가 다른 지역으로 이동해 가면 그 지역의 날씨에 영향을 준다.

(2) 우리나라는 계절별로 다른 성질을 가진 공기 덩어리의 영향을 받아 (　　　　)가 다르다.

물질

✦ 개념

▼ 그림으로 중요한 개념을 만나 보세요.

용해

용질	+	용매	용해 →	용액

용질
소금
녹는 물질

용매
물
녹이는 물질

용해
한 물질이 다른
물질에 녹아 골고루
섞이는 현상

용액
소금물
용질과 용매가 골고루
섞여 있는 물질

✦ 어휘

▼ 개념에서 살펴본 어휘를 문장의 빈칸에 써 보세요.

소금이 물에 녹는 것과 같은 현상을 ⬚⬚ 라고 해요.

소금처럼 녹는 물질을 ⬚⬚ 이라고 해요.

물처럼 녹이는 물질을 ⬚⬚ 라고 해요.

소금물처럼 용질과 용매가 골고루 섞여 있는 물질을 ⬚⬚ 이라고 해요.

용해는 한 물질이 다른 물질에 녹아
골고루 섞이는 현상이에요.

용질이 물에 용해되는 양

용질의 종류와 용해되는 양

소금   설탕

용질의 종류에 따라
용질이 용해되는 양이 다르다

물의 온도와 용해되는 양

차가운 물   따뜻한 물

물의 온도에 따라
용질이 용해되는 양이 다르다

물의 온도와 양이 같을 때 〔　　　　〕〔　　　〕에 따라 물에 용해되는 양이 달라요.

물의 온도와 양이 같을 때 소금보다 〔　　　〕이 더 많이 용해돼요.

물의 양이 같을 때 〔　　　〕〔　　〕에 따라 용질이 물에 용해되는 양이 달라요.

물의 양이 같을 때 보통 차가운 물보다 〔　　　　〕에 용질이 더 많이 용해돼요.

용해란 무엇일까요?

▼ 다음 글을 읽고 물음에 답하세요. (1~6)

핵심 개념

용해와 용액

❶ 어떤 물질은 물에 넣으면 잘 녹지만 어떤 물질은 잘 녹지 않아요. 소금이나 설탕은 물에 넣으면 잘 녹는데, 이처럼 한 물질이 다른 물질에 녹아 골고루 섞이는 현상을 용해라고 해요. 이때 소금이나 설탕처럼 녹는 물질을 용질이라 하고, 물처럼 녹이는 물질을 용매라고 해요. 그리고 소금물이나 설탕물처럼 용질과 용매가 골고루 섞여 있는 물질을 용액이라고 하지요. 일상생활에서 볼 수 있는 용액에는 식초, 이온 음료, 손 세정제 등이 있어요. 용액은 오래 두어도 뜨거나 가라앉는 것이 없어요. 또 거름 장치로 걸러도 거름종이에 남는 것이 없지요. 예를 들어 분말주스를 탄 물은 오래 두어도 뜨거나 가라앉는 것이 없으므로 용액이지만 미숫가루를 탄 물은 가라앉는 것이 있으므로 용액이 아니에요.

용해 전후의 무게

❷ 각설탕을 물에 넣으면 부스러지면서 크기가 작아져요. 시간이 지나면 각설탕이 물에 녹아 눈에 보이지 않게 돼요. 이때 각설탕이 물에 용해되기 전과 용해된 후의 무게는 같아요. 각설탕이 완전히 용해되어 눈에 보이지는 않지만, 없어진 것이 아니라 매우 작게 변하여 물속에 골고루 섞여 있기 때문이에요. 이처럼 용질이 용매에 용해되면 매우 작아져 용매에 골고루 섞여요. 그래서 용액의 어느 곳이나 용매와 용질이 섞인 정도가 같아요.

용질의 종류와 용해되는 양

❸ 그렇다면 용질마다 물에 용해되는 양이 같을까요? 온도와 양이 같은 물에 같은 양의 용질을 넣고 저었을 때, 어떤 용질은 모두 용해되지만 어떤 용질은 어느 정도 용해되면 더 이상 용해되지 않고 남아요. 이처럼 물의 온도와 양이 같을 때 용해되는 용질의 양은 용질의 종류에 따라 달라요. 예를 들어 온도와 양이 같은 물에 소금, 설탕, 제빵 소다가 용해되는 양을 비교해 보면 설탕이 가장 많이 용해되고 제빵 소다가 가장 적게 용해돼요.

물의 온도와 용해되는 양

❹ 또 물의 온도에 따라 용질이 물에 용해되는 양이 달라요. 일반적으로 물의 온도가 높을수록 용질이 많이 용해돼요. 따라서 용질이 다 용해되지 않고 남아 있을 때 물의 온도를 높이면 남아 있는 용질을 더 많이 용해할 수 있어요. 예를 들어 분말주스가 다 녹지 않고 바닥에 가라앉아 있을 때 물을 데워 온도를 높이면 분말주스를 더 많이 녹일 수 있어요.

낱말 풀이

• **세정제** 물에 풀어서 고체의 표면에 붙은 이물질을 씻어 내는 데 쓰는 물질.
• **분말주스** 물을 부어서 주스로 만들어 먹는 가루. 또는 그 주스.

1 문단별 중심 문장의 빈칸에 들어갈 알맞은 핵심 어휘를 찾아 √표 하세요.

> ### 용해란 무엇일까요?

❶문단 한 물질이 다른 물질에 녹아 골고루 섞이는 현상을 (   )
(이)라고 한다.

☐ 용액
☐ 용해

---

❷문단 용질이 물에 용해되기 전과 용해된 후의 무게는 (   ).

☐ 같다
☐ 다르다

---

❸문단 물의 온도와 양이 같을 때 용해되는 용질의 양은 용질의
(   )에 따라 다르다.

☐ 온도
☐ 종류

---

❹문단 물의 (   )에 따라 용질이 물에 용해되는 양이 다르다.

☐ 온도
☐ 종류

---

2 이 글을 읽고 알 수 있는 내용으로 알맞은 것에는 ○표, 알맞지 않은 것에는 ✕표 하세요.

(1) 식초는 용액이다. ⋯⋯⋯⋯⋯⋯⋯⋯⋯⋯⋯⋯⋯⋯⋯⋯⋯⋯⋯⋯⋯ (   )

(2) 미숫가루를 탄 물은 용액이 아니다. ⋯⋯⋯⋯⋯⋯⋯⋯⋯⋯⋯⋯ (   )

(3) 용액의 어느 곳이나 용매와 용질이 섞인 정도가 같다. ⋯⋯⋯ (   )

(4) 일반적으로 물의 온도가 낮을수록 용질이 많이 용해된다. ⋯⋯ (   )

3 용해와 용액에 대한 설명으로 알맞지 <u>않은</u> 것을 고르세요. ( )

① 물과 같이 녹이는 물질을 용매라고 한다.

② 소금과 같이 녹는 물질을 용질이라고 한다.

③ 용액은 오래 두면 뜨거나 가라앉는 것이 있다.

④ 한 물질이 다른 물질에 녹아 골고루 섞이는 현상을 용해라고 한다.

⑤ 소금물과 같이 용질과 용매가 골고루 섞여 있는 물질을 용액이라고 한다.

4 <보기>를 통해 알 수 있는 내용으로 알맞은 것을 고르세요. ( )

───── 〈보기〉 ─────

1. 온도와 양이 같은 물에 설탕, 소금, 제빵 소다를 한 숟가락씩 넣으면서 유리 막대로 저어 용해되는 양을 비교해 본다.
2. 용질이 모두 용해된 경우 ○표, 용질이 다 용해되지 않고 바닥에 남으면 ×표 해 본다.

용질	약숟가락으로 넣은 횟수(회)							
	1	2	3	4	5	6	7	8
설탕	○	○	○	○	○	○	○	○
소금	○	○	○	○	○	○	○	×
제빵 소다	○	×						

① 물의 양에 따라 용질이 물에 용해되는 양이 다르다.

② 물의 온도에 따라 용질이 물에 용해되는 양이 다르다.

③ 온도와 양이 같은 물에 용해되는 용질의 양은 젓는 횟수에 따라 다르다.

④ 온도와 양이 같은 물에 용해되는 용질의 양은 용질의 색깔에 따라 다르다.

⑤ 온도와 양이 같은 물에 용해되는 용질의 양은 용질의 종류에 따라 다르다.

5 다음 구조도의 빈칸에 들어갈 알맞은 어휘를 쓰세요.

□ □

한 물질이 다른 물질에 녹아 골고루 섞이는 현상

용질, 용매, 용액

- 용질: 녹는 물질
- □ □ : 녹이는 물질
- 용액: 용질과 용매가 골고루 섞여 있는 물질

용질이 물에 용해되는 양

- □ □ 의 종류에 따라 물에 용해되는 양이 다르다.
- 물의 온도에 따라 용질이 물에 용해되는 양이 다르다.

6 분말주스가 물에 다 녹지 않고 바닥에 가라앉아 있을 때, 물의 양을 변화시키지 않고 바닥에 남아 있는 분말주스를 모두 용해할 수 있는 방법을 쓰세요.

─── 〈조건〉 ───
1. 다음 낱말을 모두 넣어 쓰세요.
  (물) (분말주스) (온도) (용해)
2. 한 문장으로 쓰세요.

분말주스를 모두 용해할 수 있는 방법	

3단원 물질 **95**

✦ 개념

▼ 그림으로 중요한 개념을 만나 보세요.

용액의 색깔로 비교하기

색깔이 연할 때

묽은 용액

용액의 진하기

색깔이 진할 때

진한 용액

✦ 어휘

▼ 개념에서 살펴본 어휘를 문장의 빈칸에 써 보세요.

용액의 진하기는 용액의 색깔로 비교할 수 있어요.

용액이 진할수록 ☐☐ 이 진해요.

색깔이 연하면 ☐☐☐☐ 이에요.

색깔이 진하면 ☐☐☐☐ 이에요.

물체가 뜨는 높이로 비교하기

물체가 낮게 뜰 때

묽은 용액

용액의 진하기

<

물체가 높게 뜰 때

진한 용액

　는 물체가 뜨는 높이로 비교할 수 있어요.

용액이 진할수록 물체가 　이 　떠요.

물체가 낮게 뜨면 　이에요.

물체가 높게 뜨면 　이에요.

용액의 진하기를 어떻게 비교할까요?

핵심 개념

용액의 진하기

❶ 용액의 진하기는 같은 양의 용매에 용해된 용질의 양이 많고 적은 정도를 나타내요. 용매의 양이 같을 때 용해된 용질의 양이 많을수록 진한 용액이고, 용해된 용질의 양이 적을수록 묽은 용액이에요.

용액의 진하기 비교

❷ 용액의 진하기는 색깔, 맛이나 냄새 등으로 비교할 수 있어요. 용액이 진할수록 색깔이 진하고, 맛이나 냄새가 강해요. 예를 들어 황설탕을 물에 녹인 용액은 용액이 진할수록 색깔이 더 진해요. 또 용액이 진할수록 단맛이 더 강해요. 이 밖에도 용매의 양이 같을 때, 용질을 많이 용해하면 용질의 무게만큼 용액의 무게가 늘어나므로 용액의 진하기를 용액의 무게로도 비교할 수 있어요. 뿐만 아니라 용질을 많이 용해하면 용액의 높이가 높아지므로 용액의 진하기를 용액의 높이로도 비교할 수 있어요.

물체가 뜨는 높이로 비교

❸ 용액의 진하기는 용액에 어떤 물체를 넣었을 때 물체가 뜨는 높이로도 비교할 수 있어요. 용액이 진할수록 물체가 높이 떠올라요. 예를 들어 소금물처럼 색깔로 용액의 진하기를 비교할 수 없을 때는 방울토마토나 메추리알을 띄워서 용액의 진하기를 비교할 수 있어요. 용액이 진할수록 방울토마토나 메추리알이 더 높이 떠올라요. 실제로 우리 조상들은 장을 담글 때 소금물에 달걀을 띄워 달걀이 떠오르는 정도로 소금물의 진하기를 확인했어요. 용액의 진하기와 관련된 또 다른 예로 사해가 있어요. 우리나라의 바다에서와 달리 소금 호수인 사해에서는 사람이 수영을 하지 않고 가만히 있어도 물에 떠요. 이는 우리나라의 바다보다 사해의 물이 더 진하기 때문에 나타나는 현상이에요.

용액의 진하기를 비교하는 기구

❹ 우리 주변의 재료를 이용하여 용액의 진하기를 비교하는 기구를 만들어 볼 수 있어요. 빨대나 수수깡에 고무찰흙을 붙여 만들면 돼요. 이때 용액의 진하기를 비교하는 기구는 진한 용액에서는 뜨고 묽은 용액에서는 가라앉도록 무게가 적당해야 해요. 또 용액 속에서 기울어지지 않고 똑바로 설 수 있도록 균형이 맞아야 해요. 그리고 용액의 진하기를 쉽게 비교할 수 있도록 적당한 간격으로 눈금을 그려야 해요. 이렇게 만든 기구를 여러 가지 용액에 넣고 기구가 떠오른 높이를 비교하면 용액의 진하기를 비교할 수 있어요.

낱말 풀이

• **황설탕** 흑설탕을 정제한 누런색의 설탕.
• **장** 간장, 고추장, 된장 등을 통틀어 이르는 말.
• **사해** 아라비아반도의 서북쪽에 있는 호수.

1 문단별 중심 문장의 빈칸에 들어갈 알맞은 핵심 어휘를 찾아 √표 하세요.

용액의 진하기를 어떻게 비교할까요?

❶문단	용액의 (　　　)는 같은 양의 용매에 용해된 용질의 양이 많고 적은 정도를 나타낸다.	☐ 냄새 ☐ 진하기
❷문단	용액의 진하기는 (　　　), 맛이나 냄새 등으로 비교할 수 있다.	☐ 색깔 ☐ 온도
❸문단	용액의 진하기는 물체가 뜨는 (　　　)(으)로 비교할 수 있다.	☐ 높이 ☐ 모양
❹문단	용액의 진하기를 (　　　)하는 기구를 만들 수 있다.	☐ 비교 ☐ 유지

2 이 글을 읽고 알 수 있는 내용으로 알맞은 것에는 ○표, 알맞지 않은 것에는 ✕표 하세요.

(1) 용액이 진할수록 방울토마토가 더 높이 떠오른다. ─────── (　　　)

(2) 황설탕을 물에 녹인 용액은 용액이 진할수록 색깔이 더 진하다. ─────── (　　　)

(3) 용액의 진하기를 비교하는 기구는 용액 속에서 기울어져야 한다. ─────── (　　　)

(4) 용매의 양이 같을 때 용해된 용질의 양이 많을수록 묽은 용액이다. ─────── (　　　)

3 용액의 진하기에 대한 설명으로 알맞지 <u>않은</u> 것을 고르세요. ( )

① 용액이 진할수록 물체를 넣으면 높이 뜬다.

② 황설탕을 물에 녹인 용액은 진할수록 단맛이 더 강하다.

③ 용액이 진할수록 같은 양의 용매에 용해된 용질의 양이 많다.

④ 소금물처럼 색깔이 없는 용액은 용액의 진하기를 비교할 수 없다.

⑤ 용액의 진하기는 같은 양의 용매에 용해된 용질의 양이 많고 적은 정도이다.

4 <보기>의 ㉠과 ㉡에 들어갈 말이 알맞게 짝지어진 것을 고르세요. ( )

〈보기〉

쭉정이
소금물
좋은 볍씨

소금물을 이용하면 좋은 볍씨를 골라낼 수 있습니다. 적당한 진하기의 소금물에 볍씨를 넣으면 속이 알차고 좋은 볍씨는 가라앉고 속이 빈 쭉정이는 위로 떠오릅니다. 볍씨를 골라낼 때 쭉정이가 위로 뜨지 않으면 소금을 더 넣어 소금물을 (㉠) 만듭니다. 반대로 좋은 볍씨까지 위로 뜨면 물을 더 넣어 소금물을 (㉡) 만듭니다.

	㉠	㉡
①	묽게	묽게
②	묽게	진하게
③	진하게	묽게
④	진하게	진하게
⑤	진하게	가볍게

다음 구조도의 빈칸에 들어갈 알맞은 어휘를 쓰세요.

용액의 진하기
같은 양의 용매에 용해된 용질의 양이 많고 적은 정도

용액의 색깔로 비교하기	물체가 뜨는 높이로 비교하기
용액이 진할수록 [ ] 이 진하다.	용액이 진할수록 물체가 [ ] 떠오른다.

방울토마토를 띄워 소금물의 진하기를 비교할 때, (가)~(다) 중 가장 진한 용액의 기호를 쓰고 그 까닭을 쓰세요.

(가)

(나)

(다)

가장 진한 용액	
까닭	

03 용액을 어떻게 분류할 수 있을까요?

정답과 해설 17쪽

✦ 개념

▼ 그림으로 중요한 개념을 만나 보세요.

용액의 분류 기준

색깔		냄새		투명도	
식초	탄산수	식초	탄산수	탄산수	레몬즙
있다	없다	있다	없다	투명하다	투명하지 않다

✦ 어휘

▼ 개념에서 살펴본 어휘를 문장의 빈칸에 써 보세요.

☐☐ ☐☐ 을 세워 용액을 분류할 수 있어요.

색깔에 따라 용액을 분류할 수 있어요.

☐☐ 에 따라 용액을 분류할 수 있어요.

☐☐☐ 에 따라 용액을 분류할 수 있어요.

용액의 분류

분류 기준: 용액에 색깔이 있는가?

그렇다

식초　유리 세정제

그렇지 않다

탄산수　손 소독제

분류 기준을 세워 용액을 분류할 수 있어요.

'용액에 ☐☐이 있는가?'라는 분류 기준으로 용액을 분류할 수 있어요.

☐☐와 유리 세정제는 색깔이 있어요.

☐☐☐와 손 소독제는 색깔이 없어요.

용액을 어떻게 분류할 수 있을까요?

▼ 다음 글을 읽고 물음에 답하세요. (1~6)

핵심 개념

여러 가지 용액

① 우리 주변에는 다양한 용액이 있어요. 식초는 연한 노란색이고 냄새가 나며 투명해요. 레몬즙은 연한 노란색이고 냄새가 나며 불투명해요. 탄산수는 색깔이 없고 냄새가 나지 않으며 투명해요. 묽은 염산은 색깔이 없고 냄새가 나며 투명해요. 빨랫비누 물은 하얀색이고 냄새가 나며 불투명해요. 유리 세정제는 연한 푸른색이고 냄새가 나며 투명해요. 묽은 수산화 나트륨 용액은 색깔이 없고 냄새가 나지 않으며 투명해요.

용액의
분류 기준

② 이처럼 용액은 색깔, 냄새, 투명도 등의 성질이 달라요. 따라서 여러 가지 용액의 색깔, 냄새, 투명도 등의 성질을 관찰한 뒤, 이러한 성질을 기준으로 분류 기준을 세워 용액을 분류할 수 있어요. 예를 들어 '용액에 색깔이 있는가?', '용액에서 냄새가 나는가?', '용액이 투명한가?', '흔들었을 때 거품이 3초 이상 유지되는가?' 등의 분류 기준을 세울 수 있어요.

용액의 분류

③ '용액에 색깔이 있는가?'라는 분류 기준으로 용액을 분류해 볼까요? 식초, 레몬즙, 빨랫비누 물, 유리 세정제는 색깔이 있지만, 탄산수, 묽은 염산, 묽은 수산화 나트륨 용액은 색깔이 없어요. 이번에는 '용액에서 냄새가 나는가?'라는 분류 기준으로 용액을 분류해 볼까요? 식초, 레몬즙, 묽은 염산, 빨랫비누 물, 유리 세정제는 냄새가 나지만, 탄산수, 묽은 수산화 나트륨 용액은 냄새가 나지 않아요. '용액이 투명한가?'라는 분류 기준으로 용액을 분류할 수도 있어요. 식초, 탄산수, 묽은 염산, 유리 세정제, 묽은 수산화 나트륨 용액은 투명하지만, 레몬즙, 빨랫비누 물은 투명하지 않아요. 마지막으로 '흔들었을 때 거품이 3초 이상 유지되는가?'라는 분류 기준으로 용액을 분류하면 빨랫비누 물, 유리 세정제는 거품이 유지되지만, 식초, 레몬즙, 탄산수, 묽은 염산, 묽은 수산화 나트륨 용액은 거품이 유지되지 않아요.

④ 하지만 겉으로 보이는 성질로만 용액을 분류할 때 어려운 점도 있어요. 색깔이 없고 투명한 용액은 눈으로 쉽게 구분되지 않아 분류하기 어렵고, 용액에 따라 냄새를 맡는 등의 활동은 위험할 수 있어 분류하기 어렵기도 해요.

낱말 풀이

• **묽은 염산** 농도가 묽은 염산. 무색투명한 액체로 소화제, 살균제 등으로 쓴다.
• **투명도** 물질이 투명한 정도.
• **구분** 일정한 기준에 따라 전체를 몇 개로 갈라 나눔.

1 문단별 중심 문장의 빈칸에 들어갈 알맞은 핵심 어휘를 찾아 ✓표 하세요.

용액을 어떻게 분류할 수 있을까요?

①문단	우리 주변에는 다양한 (　　　)이 있다.	☐ 용액 ☐ 용질
②문단	용액의 성질을 관찰한 뒤 (　　　)을 세워 용액을 분류할 수 있다.	☐ 분류 계획 ☐ 분류 기준
③문단	용액의 색깔, 냄새, 투명도 등의 성질에 따라 용액을 (　　　) 할 수 있다.	☐ 분류 ☐ 측정
④문단	겉으로 보이는 (　　　)로만 용액을 분류할 때 어려운 점도 있다.	☐ 성질 ☐ 종류

2 이 글을 읽고 알 수 있는 내용으로 알맞은 것에는 ○표, 알맞지 않은 것에는 ✕표 하세요.

(1) 분류 기준을 세워 용액을 분류할 수 있다. ──────────────── (　　　)

(2) 용액은 색깔, 냄새, 투명도 등의 성질이 다르다. ──────────────── (　　　)

(3) '용액이 투명한가?'라는 분류 기준으로 용액을 분류할 수 있다. ─────── (　　　)

(4) 색깔이 없고 투명한 용액은 눈으로 쉽게 구분되어 분류하기 쉽다. ─────── (　　　)

3 여러 가지 용액을 관찰한 내용으로 알맞지 <u>않은</u> 것을 고르세요.　　　　　(　)

① 식초는 냄새가 나며 투명하다.

② 묽은 염산은 색깔이 없고 불투명하다.

③ 레몬즙은 연한 노란색이고 냄새가 난다.

④ 유리 세정제는 연한 푸른색이고 투명하다.

⑤ 묽은 수산화 나트륨 용액은 색깔이 없고 냄새가 나지 않는다.

4 <보기>와 같이 용액을 분류할 때, ㉠에 들어갈 알맞은 말을 고르세요.　　　　　(　)

〈보기〉

분류 기준: (　　　㉠　　　)

그렇다.

식초, 레몬즙,
빨랫비누 물, 유리 세정제

그렇지 않다.

탄산수, 묽은 염산,
묽은 수산화 나트륨 용액

① 용액이 투명한가?

② 용액이 불투명한가?

③ 용액에 색깔이 있는가?

④ 용액에서 냄새가 나는가?

⑤ 흔들었을 때 거품이 3초 이상 유지되는가?

다음 구조도의 빈칸에 들어갈 알맞은 어휘를 쓰세요.

용액의 분류	색깔, 냄새, 투명도 등의 성질을 관찰한 뒤, 이러한 성질을 기준으로 [ ] [ ] 을 세워 용액을 분류할 수 있다.
용액의 분류 기준	– 용액에 [ ] 이 있는가? – 용액에서 냄새가 나는가? – 용액이 투명한가? – 흔들었을 때 거품이 3초 이상 유지되는가?

다음 용액을 분류 기준에 맞게 분류하여 쓰세요.

식초　　　탄산수　　　빨랫비누 물　　　유리 세정제

분류 기준	용액에서 냄새가 나는가?
분류	

04 지시약을 이용해 용액을 어떻게 분류할까요?

정답과 해설 18쪽

▼ 그림으로 중요한 개념을 만나 보세요.

✦ 개념

지시약 - 리트머스 종이

산성 용액

— 푸른색 리트머스 종이

푸른색 리트머스 종이가
붉은색으로 변한다

염기성 용액

— 붉은색 리트머스 종이

붉은색 리트머스 종이가
푸른색으로 변한다

✦ 어휘

▼ 개념에서 살펴본 어휘를 문장의 빈칸에 써 보세요.

지시약을 이용해 용액을 산성 용액과 염기성 용액으로 분류할 수 있어요.

지시약에는 ☐☐☐☐☐☐ 가 있어요.

푸른색 리트머스 종이를 ☐☐☐ 으로 변하게 하면 산성 용액이에요.

붉은색 리트머스 종이를 ☐☐☐ 으로 변하게 하면 염기성 용액이에요.

지시약 - 페놀프탈레인 용액

산성 용액

페놀프탈레인
용액

색깔 변화가 없다

염기성 용액

페놀프탈레인
용액

붉은색으로 변한다

☐☐☐☐ 을 이용해 용액을 산성 용액과 염기성 용액으로 분류할 수 있어요.

지시약에는 ☐☐☐☐☐☐ ☐☐☐ 이 있어요.

페놀프탈레인 용액의 ☐☐ 을 변하지 않게 하면 산성 용액이에요.

페놀프탈레인 용액을 ☐☐☐ 으로 변하게 하면 염기성 용액이에요.

지시약을 이용해 용액을 어떻게 분류할까요?

▼ 다음 글을 읽고 물음에 답하세요. (1~6)

핵심 개념

지시약

❶ 용액 중에는 겉으로 보이는 성질만으로 구분하기 어려운 용액도 있어요. 이럴 때 지시약을 이용하면 용액을 효과적으로 분류할 수 있어요. 지시약은 어떤 용액에 넣었을 때 그 용액의 성질에 따라 색깔이 변하는 물질을 말해요. 지시약에는 리트머스 종이, 페놀프탈레인 용액 등이 있어요.

산성 용액

❷ 지시약을 이용하면 용액을 산성 용액과 염기성 용액으로 분류할 수 있어요. 푸른색 리트머스 종이를 붉은색으로 변하게 하고, 페놀프탈레인 용액의 색깔을 변하지 않게 하는 성질이 있는 용액을 산성 용액이라고 해요. 산성 용액에는 식초, 레몬즙, 탄산수, 묽은 염산 등이 있어요. 식초, 레몬즙, 탄산수, 묽은 염산에 푸른색 리트머스 종이를 넣으면 붉은색으로 변하고, 페놀프탈레인 용액을 떨어뜨리면 색깔이 변하지 않지요.

염기성 용액

❸ 붉은색 리트머스 종이를 푸른색으로 변하게 하고, 페놀프탈레인 용액의 색깔을 붉은색으로 변하게 하는 성질이 있는 용액을 염기성 용액이라고 해요. 염기성 용액에는 유리 세정제, 하수구 세척액, 빨랫비누 물, 묽은 수산화 나트륨 용액 등이 있어요. 유리 세정제, 하수구 세척액, 빨랫비누 물, 묽은 수산화 나트륨 용액에 붉은색 리트머스 종이를 넣으면 푸른색으로 변하고, 페놀프탈레인 용액을 떨어뜨리면 색깔이 붉은색으로 변해요.

붉은 양배추 지시약

❹ 지시약은 우리 주변에 있는 재료로도 만들 수 있어요. 예를 들어 붉은 양배추를 이용해 지시약을 만들 수 있어요. 붉은 양배추 지시약을 여러 가지 용액에 떨어뜨리면 용액의 성질에 따라 색깔이 다르게 변해요. 산성 용액은 붉은 양배추 지시약을 붉은색 계열로 변하게 하고, 염기성 용액은 붉은 양배추 지시약을 푸른색이나 노란색 계열로 변하게 해요. 이처럼 붉은 양배추 지시약은 용액의 성질에 따라 색깔이 다르게 변하므로 산성 용액과 염기성 용액을 분류하는 데 이용할 수 있어요. 붉은 양배추 외에 장미, 포도, 검은콩 등도 지시약으로 사용할 수 있는 천연 재료예요.

낱말 풀이

- **리트머스** 리트머스이끼 등의 이끼 종류의 식물에서 짜낸 자줏빛 색소.
- **하수구** 빗물이나 집, 공장 등에서 쓰고 버리는 더러운 물이 흘러내려 가도록 만든 도랑.
- **계열** 서로 관련이 있거나 비슷한 점이 있어서 한 갈래로 이어지는 조직.
- **천연** 사람의 힘을 보태지 않은 자연 그대로의 상태.

1 문단별 중심 문장의 빈칸에 들어갈 알맞은 핵심 어휘를 찾아 ✓표 하세요.

지시약을 이용해 용액을 어떻게 분류할까요?

❶문단 (   )은 어떤 용액에 넣었을 때 그 용액의 성질에 따라 색깔이 변하는 물질을 말한다.

☐ 지시약
☐ 묽은 염산

❷문단 푸른색 리트머스 종이를 붉은색으로 변하게 하고, 페놀프탈레인 용액의 색깔을 변하지 않게 하는 용액을 (   ) 용액이라고 한다.

☐ 산성
☐ 염기성

❸문단 붉은색 리트머스 종이를 푸른색으로 변하게 하고, 페놀프탈레인 용액의 색깔을 붉은색으로 변하게 하는 용액을 (   ) 용액이라고 한다.

☐ 산성
☐ 염기성

❹문단 붉은 (   )를 이용해 지시약을 만들 수 있다.

☐ 양배추
☐ 탄산수

2 이 글을 읽고 알 수 있는 내용으로 알맞은 것에는 ○표, 알맞지 않은 것에는 ✕표 하세요.

(1) 산성 용액은 붉은색 리트머스 종이를 푸른색으로 변하게 한다. ┈┈┈ (   )

(2) 산성 용액은 붉은 양배추 지시약을 노란색 계열로 변하게 한다. ┈┈┈ (   )

(3) 염기성 용액은 페놀프탈레인 용액의 색깔을 붉은색으로 변하게 한다. ┈┈┈ (   )

(4) 지시약을 이용하면 용액을 산성 용액과 염기성 용액으로 분류할 수 있다. ┈┈ (   )

3 지시약에 대한 설명으로 알맞지 <u>않은</u> 것을 고르세요. ( )

① 용액의 성질에 따라 색깔이 변한다.

② 붉은 양배추를 이용해 만들 수 있다.

③ 용액을 효과적으로 분류할 수 있게 한다.

④ 리트머스 종이, 페놀프탈레인 용액 등이 있다.

⑤ 산성 용액과 염기성 용액에서 색깔이 동일하게 변한다.

4 이 글을 바탕으로 <보기>를 이해한 내용으로 알맞지 <u>않은</u> 것을 고르세요. ( )

─────── 〈보기〉 ───────

1. 12홈 판의 각 홈에 여러 가지 용액을 $\frac{1}{3}$ 씩 넣는다.

2. 푸른색 리트머스 종이와 붉은색 리트머스 종이를 각각 반으로 자른다.

3. 2에서 자른 푸른색 리트머스 종이와 붉은색 리트머스 종이를 핀셋을 사용해 용액이 담긴 홈에 각각 넣고, 리트머스 종이의 색깔 변화를 관찰해 본다.

리트머스 종이의 색깔 변화

구분	식초	㉠	빨랫비누 물	㉡
붉은색 리트머스 종이	○	○	●	●
푸른색 리트머스 종이	●	●	○	○

(붉은색으로 변한 경우: ●, 푸른색으로 변한 경우: , 색깔 변화가 없는 경우: ○)

① ㉠은 산성 용액이다.

② ㉡은 염기성 용액이다.

③ ㉠과 식초는 지시약의 색깔 변화가 같다.

④ ㉠에 페놀프탈레인 용액을 떨어뜨리면 푸른색으로 변한다.

⑤ ㉡에 페놀프탈레인 용액을 떨어뜨리면 붉은색으로 변한다.

5 다음 구조도의 빈칸에 들어갈 알맞은 어휘를 쓰세요.

```
지시약을 이용한 용액의 분류
```

☐☐ 용액	염기성 용액
– 푸른색 리트머스 종이가 붉은색으로 변한다. – 페놀프탈레인 용액의 색깔이 변하지 않는다. – 붉은 양배추 지시약이 붉은색 계열로 변한다.	– 붉은색 리트머스 종이가 푸른색으로 변한다. – 페놀프탈레인 용액이 ☐☐☐ 으로 변한다. – 붉은 양배추 지시약이 푸른색이나 ☐☐☐ 계열로 변한다.

6 여러 가지 용액에 붉은 양배추 지시약을 몇 방울 떨어뜨렸을 때의 실험 결과를 보고, (가)~(라) 중 산성 용액의 기호를 모두 쓰고 그 까닭을 쓰세요.

(가)  (나)  (다)  (라)

산성 용액	- - - - - - - - - -
까닭	

05 산성 용액과 염기성 용액을 섞으면 어떻게 될까요?

✦ 개념

▼ 그림으로 중요한 개념을 만나 보세요.

산성 용액과 염기성 용액의 성질

산성 용액

달걀 껍데기가
녹는다

대리암 조각이
녹는다

염기성 용액

삶은 달걀흰자가
녹는다

두부가
녹는다

✦ 어휘

▼ 개념에서 살펴본 어휘를 문장의 빈칸에 써 보세요.

산성 용액에 ⬚⬚⬚⬚ 를 넣으면 녹아요.

산성 용액에 ⬚⬚⬚⬚ 을 넣으면 녹아요.

염기성 용액에 ⬚⬚⬚⬚⬚ 를 넣으면 녹아요.

염기성 용액에 ⬚⬚ 를 넣으면 녹아요.

산성 용액과 염기성 용액을 섞을 때

**산성 용액에
염기성 용액을 넣을 때**

**염기성 용액에
산성 용액을 넣을 때**

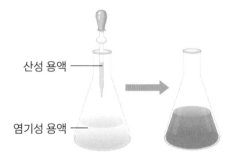

염기성 용액 —

산성 용액 —

산성이 약해지다가
염기성 용액으로 변한다

산성 용액 —

염기성 용액 —

염기성이 약해지다가
산성 용액으로 변한다

☐☐☐ 용액에 염기성 용액을 넣어요.

산성 용액에 염기성 용액을 넣으면 ☐☐☐ 이 약해지다가 염기성 용액으로 변해요.

☐☐☐ 용액에 산성 용액을 넣어요.

염기성 용액에 산성 용액을 넣으면 ☐☐☐ 이 약해지다가 산성 용액으로 변해요.

산성 용액과 염기성 용액을 섞으면 어떻게 될까요?

핵심 개념

산성 용액의 성질

❶ 산성 용액과 염기성 용액은 지시약의 색깔을 변하게 하는 성질이 있어요. 산성 용액과 염기성 용액은 또 어떤 성질이 있을까요? 산성 용액에 달걀 껍데기와 대리암 조각을 넣으면 기포가 발생하면서 달걀 껍데기와 대리암 조각이 녹아요. 하지만 산성 용액에 삶은 달걀흰자와 두부를 넣으면 아무런 변화가 없어요. 대리암으로 만든 서울 원각사지 십층 석탑에 유리 보호 장치를 한 까닭은 산성 용액의 성질과 관련이 있어요. 산성을 띠는 비가 내리면 대리암으로 만든 석탑이 훼손될 수 있기 때문이에요.

염기성 용액의 성질

❷ 한편 염기성 용액에 삶은 달걀흰자와 두부를 넣으면 시간이 지나면서 삶은 달걀흰자와 두부가 녹아 흐물흐물해지고 용액이 뿌옇게 흐려져요. 하지만 염기성 용액에 달걀 껍데기와 대리암 조각을 넣으면 아무런 변화가 없어요. 이처럼 산성 용액과 염기성 용액은 서로 성질이 달라요.

산성 용액에 염기성 용액을 넣을 때

❸ 성질이 다른 산성 용액과 염기성 용액을 섞으면 어떻게 될까요? 산성 용액과 염기성 용액을 섞을 때 나타나는 지시약의 색깔 변화를 통해 용액의 성질이 어떻게 변하는지 알 수 있어요. 붉은 양배추 지시약을 떨어뜨린 묽은 염산에 묽은 수산화 나트륨 용액을 계속 넣으면 색깔이 붉은색 계열에서 노란색 계열로 변해요. 이처럼 산성 용액에 염기성 용액을 계속 넣으면 산성이 약해지다가 염기성 용액으로 변해요. 이는 산성 용액과 염기성 용액을 섞으면 용액 속 산성을 띠는 물질과 염기성을 띠는 물질이 섞이면서 용액의 성질이 변하기 때문이에요. 염산이 누출되는 사고가 발생하면 소석회를 뿌리는 것도 이와 관련이 있어요. 산성 용액인 염산에 염기성을 띤 소석회를 뿌려 산성을 약하게 하는 거예요.

염기성 용액에 산성 용액을 넣을 때

❹ 반대로 붉은 양배추 지시약을 떨어뜨린 묽은 수산화 나트륨 용액에 묽은 염산을 계속 넣으면 색깔이 노란색 계열에서 붉은색 계열로 변해요. 이처럼 염기성 용액에 산성 용액을 계속 넣으면 염기성이 약해지다가 산성 용액으로 변해요.

낱말 풀이

- **대리암** 주로 조각이나 건축에 쓰이고 하얀색을 띠는 돌.(=대리석)
- **기포** 액체나 고체 속에 기체가 들어가 속이 빈 작은 방울 모양을 이룬 것.
- **훼손** 헐거나 깨뜨려 못 쓰게 만듦.
- **누출** 액체나 기체 등이 밖으로 새어 나옴.
- **소석회** 흰색의 염기성 가루. 물에 약간 녹아서 석회수가 생기며 소독제, 표백제 등의 원료로 쓰인다.

1 문단별 중심 문장의 빈칸에 들어갈 알맞은 핵심 어휘를 찾아 √표 하세요.

산성 용액과 염기성 용액을 섞으면 어떻게 될까요?

❶ 문단 ( ) 용액에 달걀 껍데기와 대리암 조각을 넣으면 녹지만 삶은 달걀흰자와 두부를 넣으면 아무런 변화가 없다.
- ☐ 산성
- ☐ 염기성

❷ 문단 ( ) 용액에 삶은 달걀흰자와 두부를 넣으면 녹지만 달걀 껍데기와 대리암 조각을 넣으면 아무런 변화가 없다.
- ☐ 산성
- ☐ 염기성

❸ 문단 산성 용액에 염기성 용액을 계속 넣으면 ( )이 약해지다 가 염기성 용액으로 변한다.
- ☐ 산성
- ☐ 염기성

❹ 문단 염기성 용액에 산성 용액을 계속 넣으면 ( )이 약해지다 가 산성 용액으로 변한다.
- ☐ 산성
- ☐ 염기성

2 이 글을 읽고 알 수 있는 내용으로 알맞은 것에는 ○표, 알맞지 않은 것에는 ✕표 하세요.

(1) 염기성 용액에 대리암 조각을 넣으면 녹아 흐물흐물해진다. ┄┄┄┄┄┄ ( )

(2) 산성 용액에 달걀 껍데기를 넣으면 기포가 발생하면서 녹는다. ┄┄┄┄┄ ( )

(3) 산성을 띠는 비가 내리면 대리암으로 만든 석탑이 훼손될 수 있다. ┄┄┄┄ ( )

(4) 염산이 누출되는 사고가 발생하면 소석회를 뿌려 염기성을 약하게 한다. ┄┄ ( )

3 산성 용액과 염기성 용액의 성질에 대한 설명으로 알맞지 <u>않은</u> 것을 고르세요.　　　（　　）

① 산성 용액은 대리암 조각을 녹인다.

② 염기성 용액은 삶은 달걀흰자를 녹인다.

③ 산성 용액에 두부를 넣으면 아무런 변화가 없다.

④ 염기성 용액에 달걀 껍데기를 넣으면 아무런 변화가 없다.

⑤ 산성 용액에 삶은 달걀흰자를 넣으면 용액이 뿌옇게 흐려진다.

4 이 글을 바탕으로 <보기>를 이해한 내용으로 알맞지 <u>않은</u> 것을 고르세요.　　　（　　）

───── 〈보기〉 ─────

1. 묽은 염산에 붉은 양배추 지시약을 두세 방울 떨어뜨린다.

2. 1의 묽은 염산에 묽은 수산화 나트륨 용액을 한 방울씩 계속 떨어뜨리면서 지시약의 색깔 변화를 붉은 양배추 지시약의 색깔 변화표와 비교해 본다.

묽은 수산화 나트륨 용액의 방울 수	0	1	2	3	4	5
지시약의 색깔	●	●	●	●	●	●

붉은 양배추 지시약의 색깔 변화표

← 산성이 강하다.　　　　염기성이 강하다.

① 묽은 염산은 산성이 강하다.

② 묽은 수산화 나트륨 용액은 염기성이 강하다.

③ 지시약의 색깔 변화로 용액의 성질이 변하는 것을 알 수 있다.

④ 묽은 염산에 묽은 수산화 나트륨 용액을 넣으면 산성이 강해진다.

⑤ 산성 용액에 염기성 용액을 계속 넣으면 염기성 용액으로 변한다.

5 다음 구조도의 빈칸에 들어갈 알맞은 어휘를 쓰세요.

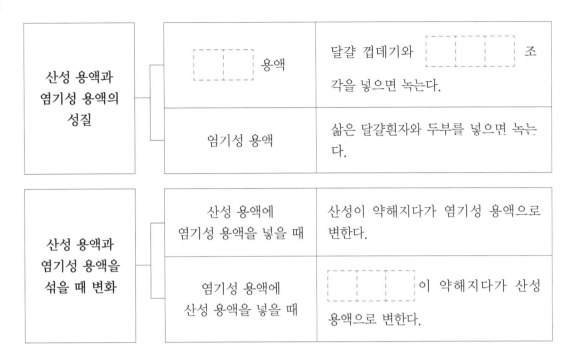

산성 용액과 염기성 용액의 성질	⬚⬚ 용액	달걀 껍데기와 ⬚⬚⬚ 조각을 넣으면 녹는다.
	염기성 용액	삶은 달걀흰자와 두부를 넣으면 녹는다.
산성 용액과 염기성 용액을 섞을 때 변화	산성 용액에 염기성 용액을 넣을 때	산성이 약해지다가 염기성 용액으로 변한다.
	염기성 용액에 산성 용액을 넣을 때	⬚⬚⬚이 약해지다가 산성 용액으로 변한다.

6 붉은 양배추 지시약을 넣은 묽은 수산화 나트륨 용액에 묽은 염산을 계속 넣었을 때 나타난 지시약의 색깔 변화를 보고, 이 실험으로 알게 된 점을 쓰세요.

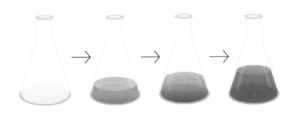

〈조건〉
1. 다음의 문장 형식으로 쓰세요.
   ('염기성 용액에 ~ 변합니다.')
2. 한 문장으로 쓰세요.

알게 된 점

06 산성 용액과 염기성 용액을 어떻게 이용할까요?

정답과 해설 20쪽

✦ 개념

▼ 그림으로 중요한 개념을 만나 보세요.

산성 용액의 이용

식초

도마를 닦는다

변기용 세제

변기를 청소한다

구연산 용액

싱크대를 소독한다

✦ 어휘

▼ 개념에서 살펴본 어휘를 문장의 빈칸에 써 보세요.

우리는 생활에서 [   ][   ] 을 이용해요.

[   ] 로 생선을 손질한 도마를 닦아요.

[   ][   ] 로 변기를 청소해요.

[   ][   ] 으로 싱크대를 소독해요.

우리는 생활에서 산성 용액과 염기성 용액을
다양하게 이용해요.

염기성 용액의 이용

치약

이를 닦는다

하수구 세척액

하수구를 뚫는다

제산제

속 쓰림을 줄인다

우리는 생활에서 [ ][ ][ ] [ ][ ]을 이용해요.

[ ][ ]으로 이를 닦아요.

[ ][ ][ ][ ][ ]으로 하수구를 뚫어요.

[ ][ ]로 속 쓰림을 줄여요.

산성 용액과 염기성 용액을 어떻게 이용할까요?

▼ 다음 글을 읽고 물음에 답하세요. (1~6)

핵심 개념

산성 용액

❶ 우리는 생선 요리를 먹을 때 레몬즙을 뿌려 먹기도 해요. 생선에 산성 용액인 레몬즙을 뿌리면 염기성인 생선 비린내가 줄어들기 때문이에요. 이처럼 우리는 생활에서 산성 용액을 이용해요. 우리가 생활에서 이용하는 산성 용액에는 레몬즙 외에 식초, 변기용 세제, 구연산 용액 등이 있어요.

산성 용액의 이용

❷ 우리 생활에서 산성 용액을 이용하는 예를 더 알아볼까요? 신맛을 낼 때 음식에 식초나 레몬즙을 넣어요. 생선을 손질한 도마를 닦을 때 식초를 사용해 염기성을 띠는 생선 비린내를 없애요. 화장실 변기를 청소할 때는 산성 용액인 변기용 세제를 사용해 변기의 때와 냄새를 없애요. 변기의 찌든 때와 변기에서 나는 냄새는 염기성을 띠기 때문이에요. 싱크대를 닦을 때는 산성 용액인 구연산 용액을 사용해 염기성을 띠는 때를 없애고 소독해요.

염기성 용액

❸ 한편 우리는 요구르트를 마신 뒤에 양치질을 해요. 요구르트를 마시면 입안이 산성 환경이 되는데, 충치를 만드는 세균은 입안의 산성 환경에서 활발히 활동해요. 이때 염기성인 치약으로 양치질을 하면 입안의 산성 물질을 없애 세균의 활동을 막을 수 있어요. 이처럼 우리는 생활에서 염기성 용액을 이용해요. 우리가 생활에서 이용하는 염기성 용액에는 치약 외에 유리 세정제, 하수구 세척액, 제산제, 표백제 등이 있어요.

염기성 용액의 이용

❹ 우리 생활에서 염기성 용액을 이용하는 예를 더 알아볼까요? 유리창을 닦을 때는 염기성 용액인 유리 세정제를 사용해 유리에 묻은 얼룩 같은 단백질 물질을 녹여 없애요. 머리카락 등이 쌓여 막힌 하수구를 뚫을 때는 염기성 용액인 하수구 세척액을 사용해 단백질인 머리카락을 녹여 없애요. 속이 쓰릴 때는 염기성 물질인 제산제를 먹어 속을 쓰리게 하는 위 속의 산성 물질을 약하게 해요. 욕실을 청소할 때는 염기성 용액인 표백제를 사용해 찌든 때와 세균을 없애요.

낱말 풀이

- **구연산** 레몬이나 밀감 등의 과일 속에 들어 있는 신맛이 나는 물질. 청량음료를 만들 때 쓰인다.
- **세균** 눈으로 볼 수 없을 만큼 작은 한 개의 세포(생물체를 이루는 기본 단위)로 이루어진 생물.
- **제산제** 위산(위액 속에 들어 있는 산)이 너무 많이 나와 속이 쓰릴 때 먹는 약.
- **표백제** 여러 가지 섬유나 염색 재료 속에 들어 있는 색소를 없애는 약제.

1

문단별 중심 문장의 빈칸에 들어갈 알맞은 핵심 어휘를 찾아 √표 하세요.

산성 용액과 염기성 용액을 어떻게 이용할까요?

---

❶문단 생활에서 이용하는 (　　　) 용액에는 레몬즙, 식초, 변기용 세제, 구연산 용액 등이 있다.

☐ 산성
☐ 염기성

---

❷문단 산성 용액을 이용하는 예에는 신맛을 낼 때 (　　　) 넣기, 변기를 청소할 때 변기용 세제 사용하기 등이 있다.

☐ 식초
☐ 제산제

---

❸문단 생활에서 이용하는 (　　　) 용액에는 치약, 유리 세정제, 하수구 세척액, 제산제, 표백제 등이 있다.

☐ 산성
☐ 염기성

---

❹문단 염기성 용액을 이용하는 예에는 유리창을 닦을 때 유리 세정제 사용하기, 속이 쓰릴 때 (　　　) 먹기 등이 있다.

☐ 식초
☐ 제산제

2

이 글을 읽고 알 수 있는 내용으로 알맞은 것에는 ○표, 알맞지 않은 것에는 ✕표 하세요.

(1) 신맛을 낼 때 음식에 식초나 레몬즙을 넣는다. ┈┈┈┈┈┈ (　　　)

(2) 욕실을 청소할 때는 염기성 용액인 표백제를 사용한다. ┈┈┈┈┈ (　　　)

(3) 하수구를 뚫을 때는 산성 용액인 하수구 세척액을 사용한다. ┈┈┈┈ (　　　)

(4) 치약으로 양치질을 하면 입안의 염기성 물질을 없애 세균의 활동을 막을 수 있다. ┈┈┈┈┈┈┈┈┈┈┈┈┈ (　　　)

3 산성 용액을 이용하는 예로 알맞지 <u>않은</u> 것을 고르세요. ( )

① 생선 요리에 레몬즙을 뿌린다.

② 속이 쓰릴 때 제산제를 먹는다.

③ 싱크대를 닦을 때 구연산 용액을 사용한다.

④ 변기를 청소할 때 변기용 세제를 사용한다.

⑤ 생선을 손질한 도마를 닦을 때 식초를 사용한다.

4 <보기>의 ㉠~㉢에 들어갈 말이 알맞게 짝지어진 것을 고르세요. ( )

―――――――――― 〈보기〉 ――――――――――

지은: 변기용 세제와 하수구 세척액이 들어 있는 용기의 이름표가 떨어졌어.

민초: 마침 하수구를 뚫으려고 하는데, 두 용기에 든 세제를 어떻게 구분하지?

다연: 리트머스 종이로 확인해 보자!

수현: 산성 용액이 푸른색 리트머스 종이를 붉은색으로 변하게 하고, 염기성 용액이 붉
은색 리트머스 종이를 푸른색으로 변하게 하는 성질을 이용하면 되겠구나.

슬기: 하수구 세척액은 (㉠) 용액이므로 (㉡) 리트머스 종이를 (㉢)으로
변하게 하는 세제를 찾으면 돼.

	㉠	㉡	㉢
①	산성	붉은색	푸른색
②	산성	푸른색	붉은색
③	염기성	붉은색	푸른색
④	염기성	푸른색	붉은색
⑤	염기성	노란색	붉은색

다음 구조도의 빈칸에 들어갈 알맞은 어휘를 쓰세요.

산성 용액과 염기성 용액의 이용

산성 용액	염기성 용액
– 생선 요리에 [ ]을 뿌려 먹는다. – 생선을 손질한 도마를 닦을 때 [ ]를 사용한다. – 화장실 변기를 청소할 때 변기용 세제를 사용한다.	– [ ]으로 양치질을 한다. – 유리창을 닦을 때 유리 세정제를 사용한다. – 막힌 하수구를 뚫을 때 하수구 세척액을 사용한다. – 속이 쓰릴 때 제산제를 먹는다.

우리 생활에서 이용하는 산성 용액과 염기성 용액을 보고, 이용하는 예를 쓰세요.

구분	용액	이용하는 예
산성 용액	식초	생선을 손질한 도마를 닦을 때 식초를 사용해 염기성을 띠는 생선 비린내를 없앱니다.
염기성 용액	유리 세정제	

▼ 다음 글을 읽고 물음에 답하세요. (1~3)

(가)

온도와 양이 같은 물에 여러 가지 용질이 용해되는 양

용질	약숟가락으로 넣은 횟수(회)							
	1	2	3	4	5	6	7	8
설탕	○	○	○	○	○	○	○	○
소금	○	○	○	○	○	○	○	×
제빵 소다	○	×						

(용질이 모두 용해된 경우: ○표, 용질이 다 용해되지 않고 바닥에 남는 경우: ×표)

(나)　소금이 물에 녹는 것처럼 한 물질이 다른 물질에 녹아 골고루 섞이는 현상을 용해라고 해요. 이때 소금처럼 녹는 물질을 용질이라 하고, 물처럼 녹이는 물질을 용매라고 해요. 그리고 소금물처럼 용질과 용매가 골고루 섞여 있는 물질을 용액이라고 하지요.

　물의 온도와 양이 같을 때 용해되는 용질의 양은 용질의 종류에 따라 달라요. 또 ㉮물의 온도에 따라 용질이 물에 용해되는 양이 달라요.

1 (가)의 실험 결과를 통해 알 수 있는 내용으로 알맞은 것을 고르세요.　(　)

① 소금은 설탕보다 더 많이 용해된다.
② 제빵 소다는 물에 전혀 용해되지 않는다.
③ 설탕, 소금, 제빵 소다가 용해되는 양은 모두 같다.
④ 온도와 양이 같은 물에 가장 많이 용해되는 물질은 설탕이다.
⑤ 온도와 양이 같은 물에 가장 적게 용해되는 물질은 소금이다.

2 (다)에서 진한 용액부터 순서대로 나열한 것을 고르세요.　(　)

① ㉠ - ㉡ - ㉢　　　　② ㉠ - ㉢ - ㉡　　　　③ ㉡ - ㉠ - ㉢
④ ㉢ - ㉠ - ㉡　　　　⑤ ㉢ - ㉡ - ㉠

(다)

방울토마토를 띄워 소금물의 진하기 비교하기

ⓐ ㉠　　　ⓑ ㉡　　　ⓒ ㉢

용액의 진하기는 같은 양의 용매에 용해된 용질의 양이 많고 적은 정도를 나타내요. 용매의 양이 같을 때 용해된 용질의 양이 많을수록 진한 용액이고, 용해된 용질의 양이 적을수록 묽은 용액이에요.

용액의 진하기는 용액에 어떤 물체를 넣었을 때 물체가 뜨는 높이로 비교할 수 있어요. 용액이 진할수록 물체가 높이 떠올라요.

3 ㉮를 알아보기 위한 <보기>의 실험에 대한 설명으로 알맞은 것을 고르세요. (　　)

― 〈보기〉 ―

1. 따뜻한 물 50mL와 차가운 물 50mL를 각각 비커에 담는다.
2. 각 비커에 같은 양의 백반을 넣고 유리 막대로 저은 뒤, 백반이 용해된 양을 비교한다.

구분	따뜻한 물	차가운 물
백반이 용해되는 양	모두 용해된다.	백반이 바닥에 남는다.

① 실험에서 같게 한 조건은 물의 온도이다.
② 물의 양이 적을수록 백반이 더 많이 용해된다.
③ 물의 온도가 높을수록 백반이 더 많이 용해된다.
④ 물의 온도와 관계없이 백반이 용해되는 양은 일정하다.
⑤ 실험에서 다르게 한 조건은 백반의 양, 물의 양 등이다.

▼ 문장의 빈칸에 들어갈 알맞은 어휘를 보기 에서 골라 쓰세요. (1~6)

01 용해란 무엇일까요?　　　　　　보기 **용매** / **용액** / **용질** / **용해**

(1) 용질이 용매에 녹아 골고루 섞이는 현상을 (　　　　)(이)라고 한다.

(2) 물의 온도와 양이 같을 때 용해되는 용질의 양은 (　　　　)의 종류에 따라 다르다.

02 용액의 진하기를 어떻게 비교할까요?　　　　보기 **냄새** / **높이** / **색깔** / **진하기**

(1) 용액의 (　　　　)은/는 같은 양의 용매에 용해된 용질의 양이 많고 적은 정도를 나타낸다.

(2) 용액의 진하기는 물체가 뜨는 (　　　　)로 비교할 수 있다.

03 용액을 어떻게 분류할 수 있을까요?　　　보기 **분류** / **분류 기준** / **색깔** / **투명도**

(1) 용액의 성질을 관찰한 뒤 (　　　　)을/를 세워 용액을 분류할 수 있다.

(2) 용액의 색깔, 냄새, 투명도 등의 성질에 따라 용액을 (　　　　)할 수 있다.

04 지시약을 이용해 용액을 어떻게 분류할까요?　　보기 **묽은 염산** / **산성 용액** / **염기성 용액** / **지시약**

(1) (　　　　)은 어떤 용액에 넣었을 때 그 용액의 성질에 따라 색깔이 변하는 물질을 말한다.

(2) 푸른색 리트머스 종이를 붉은색으로 변하게 하고, 페놀프탈레인 용액의 색깔을 변하기 않게 하는 용액을 (　　　　)이라고 한다.

05 산성 용액과 염기성 용액을 섞으면 어떻게 될까요?　보기 **산성** / **색깔** / **염기성** / **지시약**

(1) 산성 용액에 염기성 용액을 계속 넣으면 (　　　　)이 약해지다가 염기성 용액으로 변한다.

(2) 염기성 용액에 산성 용액을 계속 넣으면 (　　　　)이 약해지다가 산성 용액으로 변한다.

06 산성 용액과 염기성 용액을 어떻게 이용할까요?　보기 **레몬즙** / **산성 용액** / **염기성 용액** / **치약**

(1) 생활에서 이용하는 (　　　　)에는 레몬즙, 식초, 변기용 세제, 구연산 용액 등이 있다.

(2) 생활에서 이용하는 (　　　　)에는 치약, 유리 세정제, 하수구 세척액, 제산제, 표백제 등이 있다.

4
단원

생명

✦ 개념

▼ 그림으로 중요한 개념을 만나 보세요.

생물

| 동물 | 식물 | 동물과 식물이 아닌 생물 |

참새

민들레

버섯

해캄

젖산균

✦ 어휘

▼ 개념에서 살펴본 어휘를 문장의 빈칸에 써 보세요.

우리 주변에는 다양한 **생물**이 살아요.

참새와 같은 ⬚⬚도 있어요.

민들레와 같은 ⬚⬚도 있어요.

버섯, 해캄, 젖산균과 같은 ⬚⬚과 ⬚⬚ **이 아닌 생물**도 있어요.

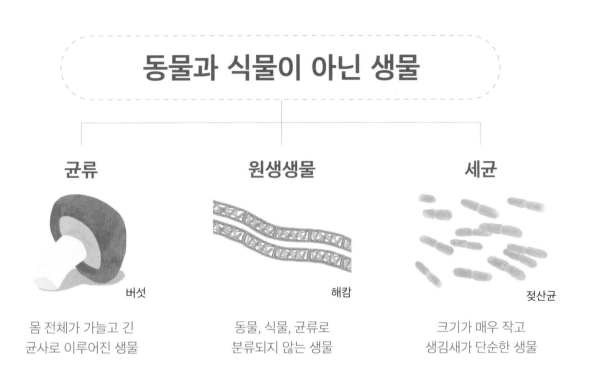

동물과 식물이 아닌 생물

균류	원생생물	세균
버섯	해캄	젖산균
몸 전체가 가늘고 긴 균사로 이루어진 생물	동물, 식물, 균류로 분류되지 않는 생물	크기가 매우 작고 생김새가 단순한 생물

우리 주변에는 **동물과 식물이 아닌 생물**이 살아요.

버섯과 같은 [　　] 가 있어요.

해캄과 같은 [　　　] 이 있어요.

젖산균과 같은 [　] 이 있어요.

우리 주변에는 어떤 생물이 살고 있을까요?

▼ 다음 글을 읽고 물음에 답하세요. (1~6)

핵심 개념

동물과 식물이 아닌 생물

❶ 우리 주변에는 다양한 생물이 살고 있어요. 참새와 같은 동물도 있고 민들레와 같은 식물도 있으며 동물과 식물이 아닌 생물도 있어요. 버섯, 해캄, 젖산균 등은 동물이나 식물로 분류되지 않는 생물이에요. 동물과 식물이 아닌 생물에 대해 자세히 알아볼까요?

균류

❷ 버섯, 곰팡이와 같은 생물을 균류라고 해요. 균류는 보통 몸 전체가 실처럼 가늘고 긴 모양의 균사로 이루어져 있고, 포자로 번식해요. 버섯과 곰팡이는 따뜻하고 습한 곳에서 잘 자라며, 주로 죽은 생물이나 다른 생물에서 양분을 얻어요. 버섯과 곰팡이 같은 생물은 돋보기나 실체 현미경을 사용하여 자세히 관찰할 수 있어요.

원생생물

❸ 해캄, 짚신벌레와 같은 생물을 원생생물이라고 해요. 원생생물은 동물, 식물, 균류로 분류되지 않는 생물이에요. 해캄은 초록색을 띠며, 가늘고 긴 모양이에요. 짚신벌레는 맨눈으로 볼 수 없을 정도로 작아요. 짚신벌레와 같이 맨눈으로 관찰하기 어려운 생물은 광학 현미경으로 자세히 관찰할 수 있어요. 해캄과 짚신벌레를 광학 현미경으로 관찰해 보면 해캄은 여러 개의 가는 선이 있고, 짚신벌레는 둥글고 길쭉한 모양으로, 몸 바깥쪽에 가는 털이 있어요. 해캄은 스스로 움직이지 못하지만 짚신벌레는 스스로 움직일 수 있어요. 해캄과 짚신벌레는 주로 물이 고인 연못이나 물살이 느린 하천에서 살아요. 연못이나 하천에 사는 원생생물에는 해캄과 짚신벌레 외에 아메바, 종벌레, 유글레나 등이 있어요. 미역, 다시마와 같이 바다에 사는 원생생물도 있지요.

세균

❹ 젖산균, 대장균과 같은 생물을 세균이라고 해요. 세균은 균류나 원생생물보다 크기가 작고 생김새가 단순한 생물이에요. 세균은 크기가 매우 작아서 맨눈으로 볼 수 없고 배율이 높은 현미경을 사용해야 관찰할 수 있어요. 세균의 생김새는 공 모양, 막대 모양, 나선 모양 등으로 구분할 수 있고, 꼬리가 있는 세균도 있어요. 세균은 하나씩 따로 떨어져 있기도 하고 여러 개가 서로 연결되어 있기도 해요. 세균은 우리 주변에 있는 흙이나 물, 다른 생물의 몸, 물체 등에 살아요. 세균은 살기에 알맞은 환경이 되면 짧은 시간 안에 많은 수로 늘어날 수 있어요.

낱말 풀이

- **균사** 균류의 몸을 이루는 거미줄처럼 가늘고 긴 모양의 세포(생물체를 이루는 기본 단위).
- **포자** 균류 등이 번식을 하기 위한 세포.
- **실체 현미경** 물체의 모습을 돋보기보다 더 확대해 볼 수 있는 도구. 관찰 대상을 입체적으로 볼 수 있다.
- **광학 현미경** 미세한 세균 등을 확대하여 관찰하는 장치. 최대 1,500배까지 확대가 가능하다.
- **배율** 현미경 등으로 물체를 볼 때 물체의 모습을 확대하는 정도.

1 **문단별 중심 문장의 빈칸에 들어갈 알맞은 핵심 어휘를 찾아 √표 하세요.**

우리 주변에는 어떤 생물이 살고 있을까요?

① 문단 우리 주변에는 동물과 식물도 있고, 동물과 식물이 아닌 ( )도 있다.

☐ 생물
☐ 비생물

② 문단 ( )은/는 보통 몸 전체가 실처럼 가늘고 긴 모양의 균사로 이루어져 있고, 포자로 번식한다.

☐ 균류
☐ 세균

③ 문단 ( )은 동물, 식물, 균류로 분류되지 않는 생물이다.

☐ 세균
☐ 원생생물

④ 문단 ( )은 균류나 원생생물보다 크기가 작고 생김새가 단순한 생물이다.

☐ 세균
☐ 식물

2 **이 글을 읽고 알 수 있는 내용으로 알맞은 것에는 ○표, 알맞지 않은 것에는 ✕표 하세요.**

(1) 젖산균, 대장균은 균류이다. .... ( )

(2) 미역, 다시마와 같이 바다에 사는 원생생물도 있다. .... ( )

(3) 버섯과 곰팡이는 따뜻하고 건조한 곳에서 잘 자란다. .... ( )

(4) 해캄과 짚신벌레는 주로 물이 고인 연못이나 물살이 느린 하천에서 산다. .... ( )

3 세균에 대한 설명으로 알맞지 <u>않은</u> 것을 고르세요. ( )

① 맨눈으로 볼 수 없다.

② 균류나 원생생물보다 생김새가 복잡하다.

③ 흙이나 물, 다른 생물의 몸, 물체 등에 산다.

④ 생김새는 공 모양, 막대 모양, 나선 모양 등으로 구분할 수 있다.

⑤ 살기에 알맞은 환경이 되면 짧은 시간 안에 많은 수로 늘어날 수 있다.

4 〈보기〉의 ㉠과 ㉡에 들어갈 말이 알맞게 짝지어진 것을 고르세요. ( )

─────────〈보기〉─────────

광학 현미경으로 해캄과 짚신벌레를 관찰한 결과

해캄	 배율: 200배	– (㉠) – 선 안에 둥근 알갱이가 있다. – 마디로 나누어져 있다.
짚신벌레	 배율: 200배	– (㉡) – 몸 바깥쪽에 가는 털이 있다. – 몸 안쪽에 여러 가지 모양이 보인다.

	㉠	㉡
①	둥글고 길쭉한 모양이다.	꼬리가 있다.
②	여러 개의 가는 선이 있다.	둥글고 길쭉한 모양이다.
③	여러 개의 가는 선이 있다.	가늘고 긴 모양의 균사가 있다.
④	가늘고 긴 모양의 균사가 있다.	꼬리가 있다.
⑤	가늘고 긴 모양의 균사가 있다.	둥글고 길쭉한 모양이다.

5 다음 구조도의 빈칸에 들어갈 알맞은 어휘를 쓰세요.

```
          동물과 식물이 아닌 생물
```

균류		
가늘고 긴 모양의 균사로 이루어져 있고, 포자로 번식하는 생물 예) ⬚⬚, 곰팡이 등	동물, 식물, 균류로 분류되지 않는 생물 예) 해캄, 짚신벌레 등	균류나 원생생물보다 크기가 작고 생김새가 단순한 생물 예) 젖산균, 대장균 등

6 다음과 같은 생물을 무엇이라고 하는지 쓰고, 이와 같은 생물의 특징 중에서 양분을 얻는 방법을 쓰세요.

버섯

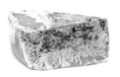

곰팡이

생물	
	- - - - - - - - - - -
특징	– 몸 전체가 가늘고 긴 모양의 균사로 이루어져 있습니다. – 따뜻하고 습한 곳에서 잘 자랍니다. –

02 다양한 생물은 우리 생활에 어떤 영향을 미칠까요?

정답과 해설 23쪽

 개념

▼ 그림으로 중요한 개념을 만나 보세요.

긍정적인 영향

균류	원생생물	세균

된장 등을
만드는 데 이용된다

산소를
만든다

요구르트 등을
만드는 데 이용된다

✦ 어휘

▼ 개념에서 살펴본 어휘를 문장의 빈칸에 써 보세요.

다양한 생물은 우리 생활에 〔　　　　　　〕을 미쳐요.

균류는 〔　　〕 등을 만드는 데 이용돼요.

원생생물은 〔　　〕를 만들어요.

세균은 〔　　　〕 등을 만드는 데 이용돼요.

부정적인 영향

균류

식물에 병을
일으킨다

원생생물

적조를
일으킨다

세균

생물에 질병을
일으킨다

다양한 생물은 우리 생활에 ☐☐☐☐☐☐☐ 도 미쳐요.

균류는 식물에 ☐☐ 을 일으켜요.

원생생물은 바닷물이 붉게 보이는 ☐☐ 를 일으켜요.

세균은 생물에 ☐☐ 을 일으켜요.

다양한 생물은 우리 생활에 어떤 영향을 미칠까요?

▼ 다음 글을 읽고 물음에 답하세요. (1~6)

핵심 개념

다양한 생물과
우리 생활

❶ 주변에 사는 균류, 원생생물, 세균 등 다양한 생물은 우리 생활에 많은 영향을 미쳐요. 긍정적인 영향을 미치기도 하고 부정적인 영향을 미치기도 해요.

다양한 생물의
긍정적인 영향

❷ 먼저 긍정적인 영향을 알아볼까요? 균류는 된장, 간장 등의 음식을 만드는 데 이용돼요. 원생생물은 다른 생물의 먹이가 되거나 생물이 사는 데 필요한 산소를 만들어요. 또 식품으로 이용되기도 해요. 세균은 김치, 요구르트 등의 음식을 만드는 데 이용돼요. 뿐만 아니라 균류와 세균은 죽은 생물을 분해하여 지구의 환경을 유지하는 데 도움이 되지요.

다양한 생물의
부정적인 영향

❸ 하지만 이러한 다양한 생물은 우리 생활에 부정적인 영향을 주기도 해요. 균류는 식물에 병을 일으키고 음식이나 물건을 상하게 해요. 또 독성이 있는 버섯처럼 어떤 균류는 먹으면 생명이 위험해져요. 어떤 원생생물은 바다에서 빠르게 번식하여 적조를 일으키기도 해요. 적조가 발생하면 물속에 녹아 있는 산소가 부족해져서 물고기들이 떼죽음을 당하기도 해요. 세균은 충치, 장염 등 다른 생물에 질병을 일으키지요.

첨단 생명 과학

❹ 균류, 원생생물, 세균 등을 활용한 첨단 생명 과학은 우리 생활에 다양하게 이용되고 있어요. 첨단 생명 과학은 최신의 생명 과학 기술이나 연구 결과를 활용하여 우리 생활의 다양한 문제를 해결하는 과학을 말해요. 예를 들어 세균을 자라지 못하게 하는 일부 곰팡이의 특성을 이용하여 질병을 치료하는 약을 만들기도 하고, 해충한테만 질병을 일으키는 균류의 특성을 이용해 생물 농약을 만들기도 해요. 또 기름 성분을 많이 가지고 있는 원생생물을 이용해 오염 물질이 덜 나오는 생물 연료를 만들기도 하고, 영양소가 풍부한 원생생물을 이용해 건강식품을 만들기도 해요. 물질을 분해하는 세균의 특성을 이용하여 플라스틱을 분해하기도 하고, 오염된 물을 깨끗하게 만드는 하수 처리 시설을 만들기도 해요. 또 빠르게 수가 늘어나는 세균의 특성을 이용하여 짧은 시간 동안 많은 양의 약품을 생산하기도 해요. 뿐만 아니라 플라스틱의 원료를 가진 세균을 이용하여 플라스틱 제품을 만들기도 하지요.

낱말 풀이

- **번식** 붇고 늘어서 많이 퍼짐.
- **적조** 원생생물이 비정상적으로 번식하여 바닷물이 붉게 물들어 보이는 현상.
- **해충** 인간의 생활에 해를 끼치는 벌레를 통틀어 이르는 말.
- **생물 농약** 농작물에 해로운 벌레나 잡초를 없애기 위해 해충의 천적이나 곰팡이 등을 이용한 농약.
- **하수** 집, 공장 등에서 쓰고 버리는 더러운 물.

문단별 중심 문장의 빈칸에 들어갈 알맞은 핵심 어휘를 찾아 √표 하세요.

> ### 다양한 생물은 우리 생활에 어떤 영향을 미칠까요?

❶문단 균류, 원생생물, 세균 등 다양한 (   )은 우리 생활에 많은
영향을 미친다.

☐ 동물
☐ 생물

❷문단 균류, 원생생물, 세균 등 다양한 생물은 우리 생활에 (   )
영향을 미친다.

☐ 긍정적인
☐ 부정적인

❸문단 균류, 원생생물, 세균 등 다양한 생물은 우리 생활에 (   )
영향을 미친다.

☐ 긍정적인
☐ 부정적인

❹문단 균류, 원생생물, 세균 등을 활용한 (   )은 우리 생활에 다
양하게 이용되고 있다.

☐ 첨단 생명 과학
☐ 첨단 우주 과학

이 글을 읽고 알 수 있는 내용으로 알맞은 것에는 ○표, 알맞지 않은 것에는 ✕표 하세요.

(1) 균류는 식물에 병을 일으킨다. ⋯⋯⋯⋯⋯⋯⋯⋯⋯⋯⋯⋯⋯⋯⋯⋯⋯⋯⋯⋯ (   )

(2) 세균이 바다에서 빠르게 번식하여 적조를 일으킨다. ⋯⋯⋯⋯⋯⋯⋯⋯⋯ (   )

(3) 균류는 김치, 요구르트 등의 음식을 만드는 데 이용된다. ⋯⋯⋯⋯⋯⋯⋯ (   )

(4) 기름 성분을 많이 가지고 있는 원생생물을 이용해 오염 물질이 덜 나오는
생물 연료를 만든다. ⋯⋯⋯⋯⋯⋯⋯⋯⋯⋯⋯⋯⋯⋯⋯⋯⋯⋯⋯⋯⋯⋯⋯⋯⋯ (   )

3 다양한 생물이 우리 생활에 미치는 긍정적인 영향에 대한 설명으로 알맞지 <u>않은</u> 것을 고르세요.

(   )

① 세균은 질병을 일으킨다.

② 균류를 이용해 음식을 만든다.

③ 원생생물은 다른 생물의 먹이가 된다.

④ 균류와 세균은 죽은 생물을 분해한다.

⑤ 원생생물은 생물이 사는 데 필요한 산소를 만든다.

4 〈보기〉의 ㉠에 들어갈 알맞은 말을 고르세요.

(   )

─〈보기〉─

선생님: 균류, 원생생물, 세균 등 다양한 생물은 우리 생활에 많은 영향을 미치고 있고, 이러한 다양한 생물을 활용한 첨단 생명 과학이 우리 생활에 이용되고 있어요. 다음 자료를 보면서 (㉠   )를 이야기해 볼까요?

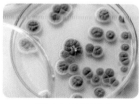

자료 1. 푸른곰팡이

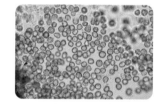

자료 2. 클로렐라

학생 1: 세균을 자라지 못하게 하는 푸른곰팡이로 질병을 치료하는 약을 만들었어요.

학생 2: 영양소가 풍부한 클로렐라 같은 원생생물로 건강식품을 만들었어요.

① 균류가 우리 생활에 활용되는 예

② 세균이 우리 생활에 미치는 부정적인 영향의 예

③ 원생생물의 긍정적인 영향과 부정적인 영향의 예

④ 다양한 생물을 활용한 첨단 생명 과학의 실패 사례

⑤ 다양한 생물을 활용한 첨단 생명 과학이 우리 생활에 이용되는 예

5 다음 구조도의 빈칸에 들어갈 알맞은 어휘를 쓰세요.

다양한 생물과 우리 생활

긍정적인 영향	부정적인 영향
– ☐☐ : 된장, 간장 등의 음식을 만드는 데 이용된다. – 원생생물: 다른 생물의 먹이가 되거나 ☐☐ 를 만든다. – 세균: 김치, 요구르트 등의 음식을 만드는 데 이용된다.	– 균류: 식물에 병을 일으키고 음식이나 물건을 상하게 한다. – 원생생물: ☐☐ 를 일으킨다. – 세균: 충치, 장염 등 다른 생물에 질병을 일으킨다.

6 다음과 같은 생물의 특성을 활용한 첨단 생명 과학의 이용 사례를 쓰세요.

생물	균류	세균
특성	해충한테만 질병을 일으킵니다.	빠르게 수가 늘어납니다.
첨단 생명 과학의 이용 사례	생물 농약을 만듭니다.	

03 생태계란 무엇일까요?

정답과 해설 24쪽

✦ 개념

▼ 그림으로 중요한 개념을 만나 보세요.

생태계

생물 요소

동물, 식물, 곰팡이, 세균, 버섯 등
살아 있는 것

영향

비생물 요소

햇빛, 물, 온도, 공기, 흙 등
살아 있지 않은 것

✦ 어휘

▼ 개념에서 살펴본 어휘를 문장의 빈칸에 써 보세요.

[   ] 는 생물 요소와 비생물 요소로 이루어져 있어요.

[   ] 는 살아 있는 것이에요.

[   ] 는 살아 있지 않은 것이에요.

생물 요소와 비생물 요소는 서로 [   ] 을 주고받아요.

어떤 장소에서 서로 영향을 주고받는 생물과
생물을 둘러싸고 있는 환경 전체를 생태계라고 해요.

생물 요소

생산자
필요한 양분을
스스로 만드는 생물

소비자
다른 생물을 먹이로 하여
양분을 얻는 생물

분해자
죽은 생물이나 배설물을
분해해 양분을 얻는 생물

는 양분을 얻는 방법에 따라 구분할 수 있어요.

는 필요한 양분을 스스로 만드는 생물이에요.

는 다른 생물을 먹이로 하여 양분을 얻는 생물이에요.

는 죽은 생물이나 배설물을 분해해 양분을 얻는 생물이에요.

생태계란 무엇일까요?

▼ 다음 글을 읽고 물음에 답하세요. (1~6)

핵심 개념

생태계

❶ 지구상의 생물은 다양한 환경에서 다른 생물과 함께 살고 있어요. 어떤 장소에서 서로 영향을 주고받는 생물과 생물을 둘러싸고 있는 환경 전체를 생태계라고 해요. 지구에는 숲 생태계, 연못 생태계, 바다 생태계, 사막 생태계, 극지 생태계, 갯벌 생태계 등 다양한 생태계가 있어요.

생태계
구성 요소

❷ 생태계는 생물 요소와 비생물 요소로 이루어져 있어요. 동물과 식물처럼 살아 있는 것을 생물 요소라 하고, 햇빛, 물, 온도, 공기, 흙처럼 살아 있지 않은 것을 비생물 요소라고 해요. 예를 들어 숲 생태계를 구성하는 생물 요소에는 소나무, 노루, 다람쥐, 매, 토끼, 뱀, 지렁이, 버섯, 곰팡이 등이 있고, 비생물 요소에는 햇빛, 물, 온도, 공기, 흙 등이 있어요. 연못 생태계를 구성하는 생물 요소에는 수련, 부들, 검정말, 오리, 개구리, 붕어, 세균 등이 있고, 비생물 요소에는 햇빛, 물, 온도, 공기, 흙 등이 있지요.

생태계
구성 요소의
관계

❸ 생태계를 이루는 생물 요소와 비생물 요소는 어떤 관계가 있을까요? 식물은 햇빛을 받으며 자라고, 동물은 공기가 없으면 숨을 쉴 수 없어요. 또 식물은 물이나 공기를 맑게 정화하고, 동물의 배설물은 흙을 비옥하게 해요. 이처럼 생태계를 이루는 생물 요소와 비생물 요소는 서로 영향을 주고받아요.

생물 요소의
분류

❹ 생태계를 구성하는 생물 요소는 생물이 양분을 얻는 방법에 따라 생산자, 소비자, 분해자로 분류할 수 있어요. 양분이란 영양이 되는 성분으로, 생물이 살아가려면 양분이 반드시 필요해요. 생산자는 햇빛 등을 이용해 살아가는 데 필요한 양분을 스스로 만드는 생물을 말하고, 소비자는 다른 생물을 먹이로 하여 양분을 얻는 생물을 말하며, 분해자는 주로 죽은 생물이나 배설물을 분해해 양분을 얻는 생물을 말해요. 예를 들어 생산자에는 느티나무, 민들레, 벼 등이 있고, 소비자에는 개미, 참새, 토끼 등이 있어요. 분해자에는 곰팡이, 세균, 버섯 등이 있어요. 만약 우리 주변에서 분해자가 사라진다면 죽은 생물과 동물의 배설물이 분해되지 않아서 우리 주변은 죽은 생물과 동물의 배설물로 가득 차게 될 거예요.

낱말 풀이

• **극지** 남극과 북극을 중심으로 한 그 주변 지역.
• **정화** 더러운 것이나 순수하지 않은 것을 깨끗하게 함.
• **비옥** 흙에 식물이 잘 자랄 수 있게 하는 성분이 많이 있음.
• **분해** 한 종류의 화합물이 두 가지 이상의 간단한 화합물로 변화함.

1 문단별 중심 문장의 빈칸에 들어갈 알맞은 핵심 어휘를 찾아 √표 하세요.

생태계란 무엇일까요?

❶문단 어떤 장소에서 서로 영향을 주고받는 생물과 생물을 둘러싸고 있는 환경 전체를 (   )라고 한다.
- ☐ 생산자
- ☐ 생태계

❷문단 생태계는 생물 요소와 (   )로 이루어져 있다.
- ☐ 분해자
- ☐ 비생물 요소

❸문단 생태계를 이루는 생물 요소와 비생물 요소는 서로 (   )을 주고받는다.
- ☐ 양분
- ☐ 영향

❹문단 (   )는 양분을 얻는 방법에 따라 생산자, 소비자, 분해자로 분류할 수 있다.
- ☐ 생물 요소
- ☐ 비생물 요소

2 이 글을 읽고 알 수 있는 내용으로 알맞은 것에는 ○표, 알맞지 않은 것에는 ✕표 하세요.

(1) 곰팡이, 세균, 버섯은 분해자이다. ⋯⋯⋯⋯⋯⋯⋯⋯⋯⋯⋯⋯⋯⋯⋯⋯⋯ (   )

(2) 동물의 배설물은 흙을 비옥하게 한다. ⋯⋯⋯⋯⋯⋯⋯⋯⋯⋯⋯⋯⋯⋯⋯ (   )

(3) 필요한 양분을 스스로 만드는 생물을 소비자라고 한다. ⋯⋯⋯⋯⋯⋯ (   )

(4) 숲 생태계를 구성하는 비생물 요소에는 햇빛, 물, 온도, 공기 등이 있다. ⋯⋯ (   )

3 생태계에 대한 설명으로 알맞지 <u>않은</u> 것을 고르세요. ( )

① 햇빛, 물, 온도는 비생물 요소이다.

② 생태계에서 살아 있는 것을 생물 요소라고 한다.

③ 생태계는 생물 요소와 비생물 요소로 이루어져 있다.

④ 생물 요소와 비생물 요소는 서로 영향을 주고받지 않는다.

⑤ 지구에는 숲 생태계, 연못 생태계, 바다 생태계 등이 있다.

4 〈보기〉의 연못 생태계를 이루는 생물 요소와 비생물 요소가 알맞게 짝지어진 것을 고르세요.

( )

	생물 요소	비생물 요소
①	흙	물
②	온도	부들
③	붕어	세균
④	수련	공기
⑤	검정말	개구리

5 다음 구조도의 빈칸에 들어갈 알맞은 어휘를 쓰세요.

생태계

어떤 장소에서 서로 영향을 주고받는 생물과 생물을 둘러싸고 있는 환경 전체

생물 요소

- ☐☐☐ : 양분을 스스로 만드는 생물
- 소비자: 다른 생물을 먹이로 하여 양분을 얻는 생물
- 분해자: 주로 죽은 생물이나 배설물을 분해해 ☐☐ 을 얻는 생물

☐☐☐ 요소

- 햇빛, 물, 온도, 공기, 흙 등

---

6 (가)~(다)의 생물 요소를 생산자, 소비자, 분해자로 분류하여 기호를 쓰고, 생물 요소를 분류한 기준을 쓰세요.

(가) 버섯   (나) 민들레   (다) 참새

생산자	소비자	분해자
- - - - - - - - -	- - - - - - - - -	- - - - - - - - -

분류 기준: _____

▼ 그림으로 중요한 개념을 만나 보세요.

먹이 사슬

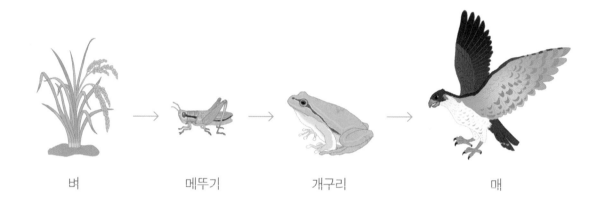

벼   메뚜기   개구리   매

▼ 개념에서 살펴본 어휘를 문장의 빈칸에 써 보세요.

⬚⬚⬚ 은 생물의 먹이 관계가 사슬처럼 연결되어 있는 것이에요.

메뚜기는 ⬚ 를 먹어요.

개구리는 ⬚⬚⬚ 를 먹어요.

매는 ⬚⬚ 를 먹어요.

먹이 그물

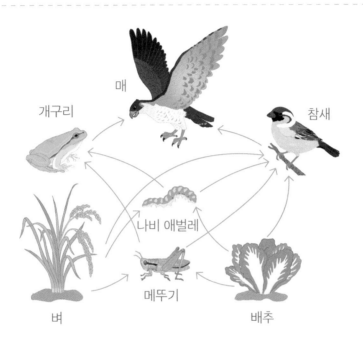

| | | | 은 먹이 사슬이 그물처럼 얽혀 연결되어 있는 것이에요.

메뚜기는 벼 외에 [   ] 도 먹어요.

개구리는 메뚜기 외에 [   ] 도 먹어요.

매는 개구리 외에 [   ] 도 먹어요.

생물은 어떤 먹이 관계를 맺고 있을까요?

▼ 다음 글을 읽고 물음에 답하세요. (1~6)

핵심 개념

먹이 사슬

❶ 생태계를 구성하는 생물은 먹고 먹히는 관계에 있어요. 예를 들어 메뚜기는 벼를 먹고, 개구리는 메뚜기를 먹어요. 이와 같은 먹고 먹히는 관계를 화살표를 이용해 '벼 → 메뚜기 → 개구리' 형태로 나타낼 수 있어요. 이처럼 생태계에서 생물의 먹고 먹히는 관계가 사슬처럼 연결된 것을 먹이 사슬이라고 해요.

먹이 그물

❷ 그런데 실제 생태계에서 메뚜기는 벼뿐만 아니라 다른 먹이도 먹고, 개구리도 메뚜기뿐만 아니라 다른 먹이도 먹어요. 이처럼 생태계에서 여러 개의 먹이 사슬이 얽혀 그물처럼 연결된 것을 먹이 그물이라고 해요.

먹이 사슬과 먹이 그물

❸ 먹이 사슬과 먹이 그물은 생물 사이에 먹고 먹히는 관계를 보여 준다는 공통점이 있어요. 하지만 먹이 사슬은 생물의 먹고 먹히는 관계가 한 방향으로만 연결되고, 먹이 그물은 여러 방향으로 연결된다는 차이점이 있어요. 먹이 사슬과 먹이 그물 중 생태계에서 여러 생물이 함께 살아가기에 유리한 먹이 관계는 먹이 그물이에요. 먹이 그물은 어느 한 종류의 먹이가 부족해지더라도 다른 먹이를 먹고 살 수 있으므로 여러 생물이 함께 살아가기에 유리해요.

생태계 평형

❹ 생태계는 생물의 먹고 먹히는 관계에 의해 생태계를 구성하는 생물의 종류와 수 또는 양이 조절돼요. 이처럼 생태계를 구성하는 생물의 종류와 수 또는 양이 균형을 이루며 안정된 상태를 유지하는 것을 생태계 평형이라고 해요. 그러나 특정한 생물의 수나 양이 갑자기 늘어나거나 줄어들면 생태계 평형이 깨지기도 해요. 예를 들어 벼, 메뚜기, 다람쥐가 사는 생태계에서 메뚜기의 수가 갑자기 늘어나면 메뚜기의 먹이인 벼의 수가 일시적으로 줄어들고, 메뚜기를 먹는 다람쥐의 수는 일시적으로 늘어날 거예요. 생태계 평형은 홍수, 가뭄, 태풍, 지진 등과 같은 자연재해로 깨지기도 하고, 도로나 댐 건설 등과 같은 인간의 활동으로 깨지기도 해요. 깨진 생태계 평형을 다시 회복하려면 오랜 시간과 노력이 필요해요.

낱말 풀이

- **유리** 이익이 있음.
- **조절** 균형이 맞게 바로잡음.
- **평형** 사물이 한쪽으로 기울지 않고 안정해 있음.
- **일시적** 짧은 한때의 것.

1 문단별 중심 문장의 빈칸에 들어갈 알맞은 핵심 어휘를 찾아 √표 하세요.

생물은 어떤 먹이 관계를 맺고 있을까요?

❶문단 생물의 먹고 먹히는 관계가 사슬처럼 연결된 것을 (   )이 라고 한다.

☐ 먹이 그물
☐ 먹이 사슬

❷문단 여러 개의 먹이 사슬이 얽혀 그물처럼 연결된 것을 (   ) 이라고 한다.

☐ 먹이 그물
☐ 먹이 사슬

❸문단 먹이 사슬과 먹이 그물 중 생태계에서 여러 생물이 함께 살아 가기에 유리한 먹이 관계는 (   )이다.

☐ 먹이 그물
☐ 먹이 사슬

❹문단 생물의 종류와 수 또는 양이 균형을 이루며 안정된 상태를 유 지하는 것을 (   )이라고 한다.

☐ 생태계 평형
☐ 생태계 회복

2 이 글을 읽고 알 수 있는 내용으로 알맞은 것에는 ○표, 알맞지 않은 것에는 ×표 하세요.

(1) 생태계를 구성하는 생물은 먹고 먹히는 관계에 있다. ────────── (   )

(2) 먹이 그물은 '벼 → 메뚜기 → 개구리' 형태로 나타낼 수 있다. ───────── (   )

(3) 먹이 사슬은 생물의 먹고 먹히는 관계가 여러 방향으로 연결되어 있다. ──── (   )

(4) 생물의 먹고 먹히는 관계에 의해 생태계를 구성하는 생물의 종류와 수 또는 양이 조절된다. ──────── (   )

3 생태계 평형에 대한 설명으로 알맞지 <u>않은</u> 것을 고르세요. ( )

① 홍수, 가뭄 등과 같은 자연재해로 생태계 평형이 깨질 수 있다.

② 도로 건설 등과 같은 인간의 활동으로 생태계 평형이 깨질 수 있다.

③ 깨진 생태계 평형을 다시 회복하려면 오랜 시간과 노력이 필요하다.

④ 생물의 종류와 수 또는 양이 균형을 이루며 안정된 상태를 유지하는 것을 말한다.

⑤ 특정한 생물의 수나 양이 갑자기 늘어나거나 줄어들어도 생태계 평형은 깨지지 않는다.

4 〈보기〉의 먹이 그물을 보고 알 수 있는 내용으로 알맞지 <u>않은</u> 것을 고르세요. ( )

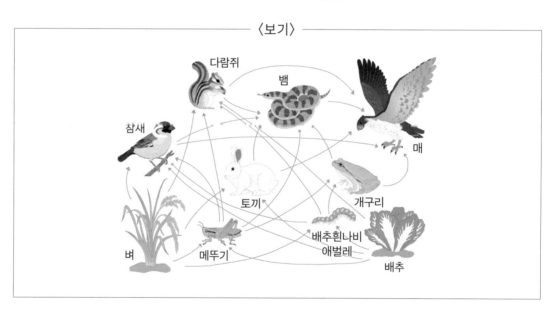

— 〈보기〉 —

① 뱀은 참새를 잡아먹는다.

② 벼는 메뚜기에게 먹힌다.

③ 매는 한 가지 먹이만 먹는다.

④ 다람쥐는 여러 가지 먹이를 먹는다.

⑤ 생물의 먹고 먹히는 관계가 그물처럼 얽혀 있다.

다음 구조도의 빈칸에 들어갈 알맞은 어휘를 쓰세요.

생물의 먹이 관계		
	[ ] [ ]	생물의 먹고 먹히는 관계가 사슬처럼 연결된 것
	먹이 그물	여러 개의 먹이 사슬이 얽혀 그물처럼 연결된 것

생태계 [ ]	생물의 종류와 수 또는 양이 균형을 이루며 안정된 상태를 유지하는 것

다음 이야기의 밑줄 친 부분에 들어갈 알맞은 말을 쓰세요.

〈조건〉
1. 다음 낱말을 모두 넣어 쓰세요.
(나무) (사슴) (수) (풀)
2. 한 문장으로 쓰세요.

미국 옐로스톤 공원에 살던 늑대는 사슴을 잡아먹고 살았습니다. 그런데 사람들이 마구잡이로 늑대를 사냥하면서 공원에 살던 늑대가 모두 사라졌습니다. 늑대가 사라진 뒤 사슴의 수가 빠르게 늘어났고, 사슴은 강가의 풀과 나무를 닥치는 대로 먹었습니다. 그 결과 강가의 풀과 나무의 수가 줄어들었습니다. 이후 사람들은 늑대를 공원

에 다시 풀어놓았습니다. 늑대가 사슴을 잡아먹자 _

_ 오랜 시간이 지나 공원에 사는 생물의 수가 적절하게 유지되면서 생태계는 다시 평형을 되찾았습니다.

05 비생물 환경 요인은 생물에 어떤 영향을 미칠까요?

정답과 해설 26쪽

✦ 개념

▼ 그림으로 중요한 개념을 만나 보세요.

비생물 환경 요인의 영향

빛

꽃 피는 시기에
영향을 준다

물

생명을 유지하는 데
필요하다

온도

철새의 이동에
영향을 준다

✦ 어휘

▼ 개념에서 살펴본 어휘를 문장의 빈칸에 써 보세요.

☐ 환경 요인은 생물이 살아가는 데 영향을 줘요.

☐ 은 꽃 피는 시기에 영향을 줘요.

☐ 은 생명을 유지하는 데 필요해요.

☐ 는 철새의 이동에 영향을 줘요.

환경과 적응

빛

물

온도

부엉이의
눈

선인장의
가시

개구리의
겨울잠

생물은 다양한 생김새와 생활 방식으로 환경에 ☐☐ 해요.

부엉이의 ☐ 은 빛이 적은 환경에 적응한 결과예요.

선인장의 ☐☐ 는 물이 부족한 환경에 적응한 결과예요.

개구리의 ☐☐☐ 은 환경의 온도 변화에 적응한 결과예요.

비생물 환경 요인은 생물에 어떤 영향을 미칠까요?

▼ 다음 글을 읽고 물음에 답하세요. (1~6)

핵심 개념

비생물 환경
요인의 영향
실험

❶ 빛, 물, 온도 등의 비생물 환경 요인은 생물이 살아가는 데 영향을 미쳐요. 비생물 환경 요인이 생물에 미치는 영향은 실험으로 확인할 수 있어요. 예를 들어 햇빛과 물이 콩나물의 자람에 미치는 영향을 알아보는 실험을 하면 햇빛이 잘 드는 곳에서 물을 준 콩나물이 가장 잘 자라는 것을 관찰할 수 있어요. 이를 통해 식물이 자라는 데 햇빛과 물이 영향을 주는 것을 알 수 있지요.

비생물 환경
요인의 영향

❷ 비생물 환경 요인이 생물에 어떤 영향을 미치는지 더 자세히 살펴볼까요? 빛은 식물이 양분을 만들고 동물이 물체를 보는 데 필요해요. 또 식물의 꽃 피는 시기와 동물의 번식 시기에도 영향을 줘요. 물은 생물이 생명을 유지하는 데 필요해요. 그래서 물이 부족한 곳에서 사는 생물은 물의 손실을 최소화하며 살아가요. 한편 온도는 생물의 생활에 영향을 줘요. 추운 계절이 다가오면 동물은 털갈이를 하고, 철새는 먹이를 구하거나 추위를 피할 수 있는 적절한 장소를 찾아 먼 거리를 이동해요. 또 온도가 낮아지면 식물은 단풍이 들거나 낙엽이 져요. 이처럼 비생물 환경 요인은 생물이 살아가는 데 다양한 영향을 미쳐요.

적응

❸ 지구에는 숲, 강, 바다, 사막 등 다양한 환경의 서식지가 있어요. 생물은 서식지의 빛, 물, 온도 같은 비생물 환경 요인의 영향을 받으며 살아가요. 생물이 특정한 서식지에서 오랜 기간에 걸쳐 살아남기에 유리한 특징을 가지는 것을 적응이라고 해요.

환경과 적응

❹ 생물은 생김새와 생활 방식 등을 통해 환경에 적응해요. 예를 들어 부엉이는 눈이 크고 잘 발달되어 있어 어두운 밤에 먹이를 찾거나 활동하기에 유리한데, 이는 빛이 적은 환경에 적응한 결과예요. 선인장의 굵은 줄기와 뾰족한 가시는 건조한 환경에서 살기에 유리한데, 이는 물이 부족한 환경에서 생김새를 통해 적응한 결과예요. 다람쥐나 개구리가 겨울잠을 자는 행동은 추운 겨울을 지내기에 유리해요. 이는 환경의 온도 변화에 적응한 생활 방식이에요. 사막여우와 북극여우의 털색은 서식지 환경에 적응한 생김새로, 털색이 서식지 환경과 비슷하면 적에게서 몸을 숨기거나 먹잇감에 접근하기에 유리해요.

낱말 풀이

• **손실** 줄거나 잃어버려서 손해를 봄.
• **최소화** 가장 적게 함.
• **털갈이** 짐승이나 새의 묵은 털이 빠지고 새 털이 남.
• **서식지** 생물이 일정한 곳에 자리를 잡고 사는 곳.

1 문단별 중심 문장의 빈칸에 들어갈 알맞은 핵심 어휘를 찾아 √표 하세요.

비생물 환경 요인은 생물에 어떤 영향을 미칠까요?

❶문단 (   ) 환경 요인이 생물에 미치는 영향은 실험으로 확인할 수 있다.
☐ 미생물
☐ 비생물

❷문단 비생물 환경 요인은 (   )이 살아가는 데 다양한 영향을 미친다.
☐ 동물
☐ 생물

❸문단 생물이 특정한 서식지에서 오랜 기간에 걸쳐 살아남기에 유리한 특징을 가지는 것을 (   )이라고 한다.
☐ 반응
☐ 적응

❹문단 생물은 생김새와 생활 방식 등을 통해 (   )에 적응한다.
☐ 먹이
☐ 환경

2 이 글을 읽고 알 수 있는 내용으로 알맞은 것에는 ○표, 알맞지 않은 것에는 ✕표 하세요.

(1) 물은 동물의 번식 시기에 영향을 준다. ⸺⸺⸺⸺⸺⸺ (   )

(2) 추운 계절이 다가오면 동물은 털갈이를 한다. ⸺⸺⸺⸺⸺ (   )

(3) 생물은 서식지의 비생물 환경 요인의 영향을 받지 않는다. ⸺⸺ (   )

(4) 부엉이는 눈이 크고 잘 발달되어 있어 어두운 밤에 먹이를 찾기에 유리하다.
⸺⸺⸺⸺⸺⸺⸺⸺⸺⸺⸺⸺⸺⸺⸺⸺⸺⸺⸺ (   )

3 비생물 환경 요인이 생물에 미치는 영향으로 알맞지 <u>않은</u> 것을 고르세요. ( )

① 빛은 꽃 피는 시기에 영향을 준다.

② 온도는 철새의 이동에 영향을 준다.

③ 빛은 식물이 양분을 만드는 데 필요하다.

④ 물은 생물이 생명을 유지하는 데 필요하다.

⑤ 온도가 높아지면 식물은 단풍이 들거나 낙엽이 진다.

4 〈보기〉를 읽고 알 수 있는 내용으로 알맞은 것을 고르세요. ( )

── 〈보기〉 ──		
굵기와 길이, 양이 비슷한 콩나물이 서로 다른 조건에서 자란 모습		
햇빛이 잘 드는 곳에 둔 콩나물	물을 준 것	떡잎 아래 몸통이 굵어졌고, 초록색 본잎이 나왔다.
	물을 주지 않은 것	떡잎이 여한 초록색으로 변했고, 떡잎 아래 몸통이 시들었다.
어둠상자로 덮어 놓은 콩나물	물을 준 것	떡잎이 노란색이고, 노란색 본잎이 나왔다.
	물을 주지 않은 것	떡잎이 노란색이고, 떡잎 아래 몸통이 시들었다.

① 콩나물이 자라는 데 물만 영향을 준다.

② 콩나물이 자라는 데 햇빛만 영향을 준다.

③ 콩나물이 자라는 데 물과 온도가 영향을 준다.

④ 콩나물이 자라는 데 햇빛과 물이 영향을 준다.

⑤ 콩나물이 자라는 데 햇빛과 온도가 영향을 준다.

5 다음 구조도의 빈칸에 들어갈 알맞은 어휘를 쓰세요.

비생물 환경 요인이 생물에 미치는 영향	환경과 □□
– 빛: 식물이 양분을 만들고 동물이 물체를 보는 데 필요하다. – □□: 생물이 생명을 유지하는 데 필요하다. – 온도: 동물의 털갈이, 철새의 이동 등에 영향을 준다.	– 빛: 부엉이는 눈이 크고 발달되어 있다. – 물: 선인장은 굵은 줄기와 뾰족한 가시가 있다. – □□□: 다람쥐나 개구리는 겨울잠을 잔다.

6 사막여우와 북극여우가 서식지에서 살아남기에 유리한 까닭을 쓰세요.

동물	 사막여우	 북극여우
특징	털색이 서식지 환경과 비슷합니다.	
서식지에서 살아남기에 유리한 까닭		

✦ 개념

▼ 그림으로 중요한 개념을 만나 보세요.

환경 오염

대기 오염

동물의 호흡 기관에
이상이 생긴다

수질 오염

물에 사는 생물이
살기 어렵다

토양 오염

식물이 잘 자라지
못한다

✦ 어휘

▼ 개념에서 살펴본 어휘를 문장의 빈칸에 써 보세요.

환경 오염으로 생태계가 파괴돼요.

　　　　　　으로 동물의 호흡 기관에 이상이 생겨요.

　　　　　으로 물에 사는 생물이 살기 어려워요.

　　　　　으로 식물이 잘 자라지 못해요.

생태계 보전을 위한 노력

| 자원 | 일회용품 사용 | 쓰레기 | 대중교통 |
| 절약하기 | 줄이기 | 분리배출하기 | 이용하기 |

생태계를 보전하기 위해 [   ]을 절약해요.

생태계를 보전하기 위해 [   ] 사용을 줄여요.

생태계를 보전하기 위해 쓰레기를 [   ] 해요.

생태계를 보전하기 위해 [   ]을 이용해요.

환경 오염은 생물에 어떤 영향을 미칠까요?

핵심 개념

환경 오염

❶ 사람의 활동으로 자연환경이나 생활 환경이 훼손되는 현상을 환경 오염이라고 해요. 환경 오염에는 대기 오염, 수질 오염, 토양 오염 등이 있어요.

환경 오염의 원인

❷ 환경 오염의 원인은 무엇일까요? 공장이나 자동차의 매연, 쓰레기를 태울 때 나오는 여러 가지 기체 등은 대기 오염의 원인이 돼요. 폐수의 배출, 기름 유출 등은 수질 오염의 원인이 돼요. 또 쓰레기 매립, 농약이나 비료의 지나친 사용 등은 토양 오염의 원인이 돼요.

환경 오염이 생물에 미치는 영향

❸ 환경 오염은 생물에 해로운 영향을 미쳐요. 황사나 미세 먼지 등의 대기 오염으로 동물의 호흡 기관에 이상이 생기거나 동물이 병에 걸려요. 또 자동차의 매연은 식물의 성장에 피해를 주기도 해요. 폐수가 배출되면 강물이 오염되어 물고기가 죽기도 하고, 바다에서 유조선 기름이 유출되면 생물의 서식지가 파괴되기도 해요. 한편 쓰레기를 매립하여 토양이 오염되면 악취가 나서 사람들의 생활 환경이 나빠져요. 뿐만 아니라 농약의 지나친 사용으로 토양이 오염되면 식물이 살기 힘들어요.

생태계 보전을 위한 노력

❹ 이처럼 환경이 오염되면 그곳에 살고 있는 생물의 종류와 수가 줄어들어 생태계가 파괴돼요. 따라서 환경 개발은 주변 생태계를 보호하며 균형 있게 이루어져야 해요. 생태계를 보전하려면 다양한 노력이 필요해요. 이를 위해 국가나 사회에서는 생태계를 보전할 수 있는 규정을 만들고, 보호가 필요한 생물이나 환경을 관리해요. 또 자원을 효율적으로 이용할 수 있는 기술을 개발하고, 다른 국가와 오염 물질을 줄이는 협약을 맺고 이를 실천해요. 우리도 일상생활에서 생태계를 보전하기 위해 노력해야 해요. 생태계 보전을 위해 우리가 실천할 수 있는 방법에는 어떤 것이 있을까요? 물이나 전기 등 자원을 절약하고, 일회용품 사용을 줄여요. 쓰레기를 분리배출하고, 환경 오염을 적게 일으키는 제품을 사용해요. 가까운 거리는 걷거나 자전거로 이동하고 자동차 대신 대중교통을 이용하는 것도 한 방법이에요.

낱말 풀이

- **폐수** 공장 등에서 쓰고 난 뒤에 버리는 물.
- **매립** 우묵한 땅이나 하천, 바다 등을 돌이나 흙 등으로 채움.
- **유조선** 석유를 운반하는 배.
- **악취** 나쁜 냄새.
- **분리배출** 쓰레기 등을 종류별로 나누어서 버림.

1 **문단별 중심 문장의 빈칸에 들어갈 알맞은 핵심 어휘를 찾아 √표 하세요.**

환경 오염은 생물에 어떤 영향을 미칠까요?

❶문단　사람의 활동으로 자연환경이나 생활 환경이 훼손되는 현상을
　　　（　　）이라고 한다.
　　　　　☐ 환경 보전
　　　　　☐ 환경 오염

❷문단　공장이나 자동차의 매연, 폐수의 배출, 쓰레기 매립 등은 환
　　　경 오염의 （　　）이/가 된다.
　　　　　☐ 결과
　　　　　☐ 원인

❸문단　환경 오염은 생물에 （　　） 영향을 미친다.
　　　　　☐ 이로운
　　　　　☐ 해로운

❹문단　생태계를 （　　）하려면 다양한 노력이 필요하다.
　　　　　☐ 보전
　　　　　☐ 파괴

2 **이 글을 읽고 알 수 있는 내용으로 알맞은 것에는 ○표, 알맞지 않은 것에는 ✕표 하세요.**

(1) 생태계를 보전하기 위해 일회용품을 자주 사용한다. ─────── (　　)

(2) 환경 오염에는 대기 오염, 수질 오염, 토양 오염 등이 있다. ───── (　　)

(3) 폐수의 배출이나 기름 유출 등은 대기 오염의 원인이 된다. ───── (　　)

(4) 환경이 오염되면 생물의 종류와 수가 줄어들어 생태계가 파괴된다. ─── (　　)

3 환경 오염이 생물에 미치는 영향으로 알맞지 <u>않은</u> 것을 고르세요. ( )

① 폐수의 배출로 강물이 오염되어 물고기가 죽는다.

② 유조선의 기름이 유출되어 생물의 서식지가 파괴된다.

③ 농약을 많이 사용하면 토양이 좋아져서 식물이 잘 자란다.

④ 황사나 미세 먼지 등으로 동물의 호흡 기관에 이상이 생긴다.

⑤ 쓰레기 매립으로 악취가 나서 사람들의 생활 환경이 나빠진다.

4 〈보기〉의 제목으로 가장 알맞은 것을 고르세요. ( )

───── 〈보기〉 ─────

산이나 들에 도로를 만들면 동물의 서식지가 훼손되고 동물이 이용하던 통로가 끊어집니다. 또 동물이 도로를 건너다 다치거나 죽기도 합니다. 이러한 문제를 해결하기 위해 동물이 안전하게 이동할 수 있도록 도로 위에 다리를 놓거나 도로 아래에 굴을 파서 만든 길을 생태 통로라고 합니다. 생태 통로는 환경 개발로 파괴된 생태계를 복원하는 방법 중 하나입니다.

생태 통로

• **복원** 원래대로 회복함.

① 생태 통로의 종류

② 생태 통로를 만드는 방법

③ 도로 개발로 인한 생태계 파괴

④ 환경 개발로 인한 동물의 서식지 파괴

⑤ 환경 개발로 파괴된 생태계를 복원하는 생태 통로

다음 구조도의 빈칸에 들어갈 알맞은 어휘를 쓰세요.

환경 오염과 생태계 보전

☐☐☐☐
– 대기 오염: 동물의 호흡 기관에 이상이 생긴다.
– 수질 오염: 물고기가 죽고, 생물의 서식지가 파괴된다.
– ☐☐☐☐ : 생활 환경이 나빠지고, 식물이 살기 힘들다.

생태계 보전을 위한 노력
– ☐☐☐ 절약하기
– 일회용품 사용 줄이기
– 쓰레기 분리배출하기
– 가까운 거리는 걷거나 자전거로 이동하기
– 대중교통 이용하기

다음에 나타난 환경 오염의 종류를 쓰고, 이 환경 오염이 생물에 미치는 영향을 쓰세요.

공장 매연

자동차 매연

〈조건〉
1. 다음 낱말을 모두 넣어 쓰세요.
(동물) (성장) (식물) (호흡)
2. 두 문장으로 쓰세요.

환경 오염의 종류	
생물에 미치는 영향	–
	–

▼ 다음 글을 읽고 물음에 답하세요. (1~3)

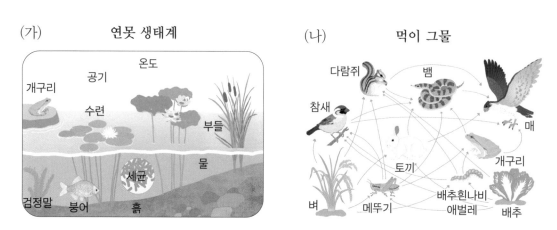

(가) 연못 생태계

(나) 먹이 그물

(다)　어떤 장소에서 서로 영향을 주고받는 생물과 생물을 둘러싸고 있는 환경 전체를 생태계라고 해요. 생태계는 생물 요소와 비생물 요소로 이루어져 있어요. 동물과 식물처럼 살아 있는 것을 생물 요소라 하고, 햇빛, 물, 온도, 공기, 흙처럼 살아 있지 않은 것을 비생물 요소

---

1 (가)와 (나)에 대한 설명으로 알맞지 <u>않은</u> 것을 고르세요.　　　　　(　　)

① (가)는 생물 요소와 비생물 요소로 이루어져 있다.
② (가)에서 생물 요소는 수련, 부들, 개구리 등이 있다.
③ (나)에서 배추는 다람쥐, 메뚜기, 토끼 등에게 먹힌다.
④ (나)에서 뱀은 참새, 개구리 외에 다른 먹이도 먹는다.
⑤ (나)는 생물의 먹고 먹히는 관계가 사슬처럼 연결되어 있다.

2 〈보기〉의 ㉠과 ㉡의 예가 알맞게 짝지어진 것을 고르세요.　　　　　(　　)

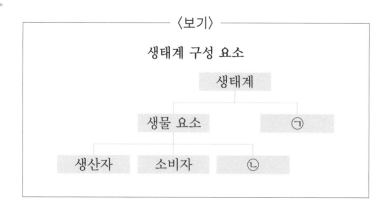

〈보기〉

생태계 구성 요소

생태계

생물 요소　　㉠

생산자　소비자　㉡

	㉠	㉡
①	물	개미
②	흙	민들레
③	버섯	공기
④	세균	햇빛
⑤	온도	곰팡이

라고 해요.

생태계를 구성하는 생물 요소는 생물이 양분을 얻는 방법에 따라 생산자, 소비자, 분해자로 분류할 수 있어요. 생산자는 햇빛 등을 이용해 살아가는 데 필요한 양분을 스스로 만드는 생물을 말하고, 소비자는 다른 생물을 먹이로 하여 양분을 얻는 생물을 말하며, 분해자는 주로 죽은 생물이나 배설물을 분해해 양분을 얻는 생물을 말해요. 예를 들어 생산자에는 느티나무, 민들레, 벼 등이 있고, 소비자에는 개미, 참새, 토끼 등이 있어요. 분해자에는 곰팡이, 세균, 버섯 등이 있어요.

생태계를 구성하는 생물은 먹고 먹히는 관계에 있어요. 생태계에서 생물의 먹고 먹히는 관계가 사슬처럼 연결된 것을 먹이 사슬이라 하고, 여러 개의 먹이 사슬이 얽혀 그물처럼 연결된 것을 먹이 그물이라고 해요. 생태계는 생물의 먹고 먹히는 관계에 의해 생태계를 구성하는 생물의 종류와 수 또는 양이 조절돼요.

3 (다)를 바탕으로 〈보기〉를 이해한 내용으로 알맞지 <u>않은</u> 것을 고르세요.　　　　（　　　）

> ───── 〈보기〉 ─────
>
> 식물만 무성하던 한 섬에 먹이를 찾던 물사슴 무리가 정착했습니다. 물사슴의 수가 갑자기 늘어나면서 물사슴의 먹이인 식물의 수가 줄어들어 섬은 점차 황폐해졌습니다. 몇 년이 지난 어느 해 겨울, 섬이 있던 호수가 얼면서 늑대 무리가 섬으로 들어와 물사슴을 잡아먹기 시작했습니다. 이후 물사슴의 수가 줄어들고 식물의 수가 늘어났습니다. 시간이 지나 섬에 있는 생물의 수가 균형을 이루면서 생태계는 평형을 이루었습니다.

① 식물은 생산자, 물사슴과 늑대는 소비자이다.
② 식물, 물사슴, 늑대는 먹고 먹히는 관계에 있다.
③ 섬에 물사슴이 나타나지 않았다면 식물만 무성했을 것이다.
④ 섬에 늑대가 나타나지 않았다면 물사슴의 수는 늘어났을 것이다.
⑤ 먹고 먹히는 관계에 있는 생물의 수가 균형을 이루어야 생물이 안정되게 살 수 있다.

▼ 문장의 빈칸에 들어갈 알맞은 어휘를 **보기** 에서 골라 쓰세요. (1~6)

---

01 우리 주변에는 어떤 생물이 살고 있을까요? **보기** **균류** / **세균** / **원생생물** / **짚신벌레**

(1) (   )은/는 가늘고 긴 모양의 균사로 이루어져 있고, 포자로 번식한다.

(2) (   )은/는 균류나 원생생물보다 크기가 작고 생김새가 단순한 생물이다.

---

02 다양한 생물은 우리 생활에 어떤 영향을 **보기** **균류** / **세균** / **원생생물** / **첨단 생명 과학**
미칠까요?

(1) (   )은/는 김치, 요구르트 등의 음식을 만드는 데 이용된다.

(2) (   )은/는 최신의 생명 과학 기술이나 연구 결과를 활용하여 우리 생활의 다양한
문제를 해결하는 과학을 말한다.

---

03 생태계란 무엇일까요? **보기** **분해자** / **비생물 요소** / **생물 요소** / **생태계**

(1) 어떤 장소에서 서로 영향을 주고받는 생물과 생물을 둘러싸고 있는 환경 전체를 (   )
라고 한다.

(2) 생태계를 구성하는 생물 요소는 생물이 양분을 얻는 방법에 따라 생산자, 소비자,
(   )로 분류할 수 있다.

---

04 생물은 어떤 먹이 관계를 맺고 있을까요? **보기** **먹이 관계** / **먹이 그물** / **먹이 사슬** / **생태계 평형**

(1) 생물의 먹고 먹히는 관계가 사슬처럼 연결된 것을 (   )(이)라고 한다.

(2) 여러 개의 먹이 사슬이 얽혀 그물처럼 연결된 것을 (   )(이)라고 한다.

---

05 비생물 환경 요인은 생물에 어떤 영향을 **보기** **변화** / **비생물** / **생물** / **적응**
미칠까요?

(1) (   ) 환경 요인은 생물이 살아가는 데 다양한 영향을 미친다.

(2) 생물이 특정한 서식지에서 오랜 기간에 걸쳐 살아남기에 유리한 특징을 가지는 것을 (   )
(이)라고 한다.

---

06 환경 오염은 생물에 어떤 영향을 미칠까요? **보기** **대기 오염** / **수질 오염** / **토양 오염** / **환경 오염**

(1) 사람의 활동으로 자연환경이나 생활 환경이 훼손되는 현상을 (   )이라고 한다.

(2) 농약이나 비료의 지나친 사용 등은 (   )의 원인이 된다.

---

1. 탐구 문제를 정해 볼까요?

문제 인식

주변의 자연 현상을 관찰하고, 탐구할 문제를 찾아 명확하게 나타내는 것을 **문제 인식**이라고 해요.

✎ **탐구 문제를 정할 때 생각할 점**
- 실제로 탐구할 수 있는 내용이어야 해요.
- 탐구하고 싶은 내용이 분명하게 드러나야 해요.
- 탐구할 범위가 좁고 구체적이어야 해요.

에이크만의 **문제 인식**

에이크만은 각기병을 치료하는 물질을 발견한 과학자예요. 에이크만은 어떤 과정을 거쳐 이러한 발견을 하게 되었을까요?

각기병은 다리가 붓고 심할 때는 걸음을 제대로 걷지 못하게 되는 병이에요. 에이크만은 군의관으로 일하면서 병사들이 다리가 부어 잘 걷지 못하는 것을 보고 각기병을 연구하고 있었어요. 그러던 중 각기병에 걸렸던 닭이 어느 날 갑자기 회복된 것을 발견했어요. 에이크만은 '닭이 어떻게 나았을까?'라는 의문을 가졌어요.

- **에이크만** : 네덜란드의 의학자(1858~1930). 각기병의 원인을 밝혀내어 바이타민 연구의 실마리를 열었다. 1929년에 노벨 생리·의학상을 받았다.

2. 가설을 세워 볼까요?

가설 설정

탐구 문제를 정한 뒤 탐구 문제에 대한 잠정적인 결론을 내리는 과정을 **가설 설정**이라고 해요.

✎ **가설을 세울 때 생각할 점**
- 탐구를 통해 알아보려는 내용이 분명하게 드러나야 해요.
- 이해하기 쉽고 간결하게 표현해야 해요.
- 탐구를 통해 가설이 맞는지 확인할 수 있어야 해요.

에이크만의 **가설 설정**

에이크만은 닭의 모이가 백미에서 현미로 바뀐 뒤로 병든 닭이 회복된 것을 알게 되었어요. 현미는 벼의 겉껍질만 벗겨 낸 쌀로 누르스름하고 표면이 거친 반면, 백미는 도정 과정을 통해 현미에서 껍질을 더 벗겨 낸 쌀로 희고 부드러워요.

각기병과 현미가 뭔가 관련이 있다고 생각한 에이크만은 '현미에 닭의 각기병을 치료하는 물질이 들어 있을 것이다.'라는 가설을 세웠어요.

3. 실험을 계획하고 수행해 볼까요?

변인 통제

실험에서 다르게 해야 할 조건과 같게 해야 할 조건을 확인하고 통제하는 것을 **변인 통제**라고 해요.

🖋 실험을 계획할 때 생각할 점
- 다르게 해야 할 조건과 같게 해야 할 조건을 정해요.
- 실험에 필요한 준비물, 실험 과정, 안전 수칙 등을 구체적으로 정해요.

🖋 실험할 때 주의할 점
- 변인을 통제하면서 계획한 과정에 따라 실험해요.
- 실험 결과를 있는 그대로 기록하고,
  실험 결과가 예상과 다르더라도 고치거나 빼지 않아요.

에이크만의 **실험 설계 및 수행**

에이크만은 자신이 세운 가설이 맞는지 확인하기 위해 실험을 계획했어요. 그리고 실험 계획에 따라 실험을 했어요.

에이크만은 크기가 비슷한 건강한 닭을 두 무리로 나누고 한 무리의 닭에게는 백미를, 다른 무리의 닭에게는 현미를 먹이로 주었어요. 이때, 모이의 양과 모이를 주는 횟수, 우리의 크기 등 다른 조건은 같게 했어요.

에이크만은 닭의 건강 상태를 꾸준히 관찰하고, 관찰한 결과를 자세히 기록했어요.

4. 실험 결과를 해석해 볼까요?

자료 해석

실험으로 얻은 자료 사이의 관계나 규칙을 찾아 자료에 담긴 의미를 해석하는 것을 **자료 해석**이라고 해요.

✏️ **실험 결과를 정리하고 자료를 해석할 때 생각할 점**
- 실험 결과를 가장 잘 나타낼 수 있는 형태로 정리해요.
- 정리한 자료를 해석하여 자료 사이의 관계나 규칙을 찾아요.
- 실험 과정을 되돌아보며 문제가 있었는지, 관찰 또는 측정을 바르게 하였는지 확인해요.

에이크만의 **자료 해석**

에이크만은 백미를 먹은 닭과 현미를 먹은 닭의 건강 상태에 어떤 변화가 있는지 관찰한 결과를 정리했어요. 그리고 관찰 결과로 얻은 자료에 담긴 의미를 해석했어요.

그 결과 백미를 먹은 닭은 각기병에 걸렸지만, 현미를 먹은 닭은 건강한 것을

발견했어요. 또 각기병에 걸린 닭에게 현미를 먹이면 닭이 다시 건강해진다는 사실도 발견했어요.

5. 결론을 내려 볼까요?

결론 도출

실험 결과를 해석하여 결론을 이끌어 내는 과정을 **결론 도출**이라고 해요.

✏️ **결론을 도출할 때 생각할 점**
- 가설을 지지하는 실험 결과를 잘 정리해야 해요.
- 과도한 예측이나 추측을 피해야 해요.
- 실험 결과를 바탕으로 논리적으로 추론한 것을 명료하게 진술해야 해요.

에이크만의 **결론 도출**

에이크만은 실험 결과를 종합하여 자신의 가설이 옳다는 것을 확인하고, 현미에 각기병을 치료하는 물질이 들어 있다는 결론을 내렸어요.

훗날 과학자들은 현미에 들어 있는 각기병을 치료하는 물질이 바이타민이라는 것을 알아냈어요. 바이타민은 우리

몸의 생명 활동을 조절하며 성장을 돕고 건강을 유지하게 해 주는 중요한 영양소예요.

이처럼 과학자들은 자연 현상을 관찰하여 궁금증을 품고 질문을 하며, 답을 먼저 생각해 본 뒤 그 답이 옳은지 실험으로 확인하는 탐구 방법을 사용하기도 해요.

자료 출처

일러두기

- 본 교재에 있는 낱말 뜻풀이 일부는 국립국어원의 <표준국어대사전>과 <한국어기초사전>을 인용하였습니다.
- 맞춤법과 띄어쓰기는 국립국어원의 <표준국어대사전>을 기준으로 삼되, 초등학교 교과서 표기를 참고했습니다.

독해와 교과 공부를 한번에 끝내는 교과 독해

과학*도
독해가
먼저다

초등 5 학년

정답과 해설

✦ 어휘

일상생활에서 다양한 경우에 온 도 를 측정해요.

건강 상태를 확인할 때 환자의 체 온 을 측정해요.

식물을 재배할 때 온실 안의 기 온 을 측정해요.

물고기를 기를 때 어항 속 수 온 을 측정해요.

온도를 측정할 때 온 도 계 를 사용해요.

온도를 정확하게 측정하려면 쓰임새 에 맞는 온도계를 사용해야 해요.

적 외 선 온 도 계 는 주로 고체의 온도를 측정할 때 사용해요.

알 코 올 온 도 계 는 주로 액체나 기체의 온도를 측정할 때 사용해요.

- -

✦ 독해

1. ❶ 문단 온도   ❷ 문단 측정
❸ 문단 적외선 온도계   ❹ 문단 알코올 온도계

2. (1) ○   (2) ✕   (3) ✕   (4) ○

✕표 답 풀이
(2) 고리, 몸체, 액체샘으로 이루어져 있는 온도계는 적외선 온도계가 아니라 알코올 온도계이다.
(3) 알코올 온도계의 몸체 속 관을 따라 움직이던 빨간색 액체의 움직임이 멈추면 눈금을 읽는다.

3. ⑤

정답 풀이
⑤ 온도를 어림하면 물체의 온도를 정확하게 알 수 없다. 온도를 측정해야만 물체의 온도를 정확하게 알 수 있다.

4. ③

정답 풀이
③ (가)는 알코올 온도계로, 주로 액체나 기체의 온도를 측정할 때 사용한다.

5.

온도
물체나 물질의 차갑거나 따뜻한 정도를 나타낸 것

온도를 측정하는 경우	온도계
– 건강 상태를 확인할 때 – 식물을 재배할 때 – 물고기를 기를 때 – 요리할 때	– 적외선 온도계: 주로 고체의 온도를 측정할 때 사용한다. – 알 코 올 온도계: 주로 액체나 기체의 온도를 측정할 때 사용한다.

6.

〈조건〉
1. 다음의 문장 형식으로 쓰세요.
('식물이 ~ 온도 측정이 필요합니다.')
2. 한 문장으로 쓰세요.

온도 측정이 필요한 까닭	식물이 잘 자라는 온도를 유지하기 위해 온도 측정이 필요합니다.

✦ 어휘

고체 물질의 한 부분을 가열해요.

고체에서 열은 **온도** 가 높은 곳에서 온도가 낮은 곳으로 이동해요.

고체에서 **열** 은 고체 물질을 따라 이동해요.

고체에서 열이 물질을 따라 이동하는 것을 **전도** 라고 해요.

요리할 때 **주방장갑** 을 사용해 열의 이동을 막아요.

추울 때 **방한복** 을 입어 열의 이동을 막아요.

집을 지을 때 **단열재** 를 사용해 열의 이동을 막아요.

두 물체 사이에서 열의 이동을 막는 것을 **단열** 이라고 해요.

- -

✦ 독해

1. ❶ 문단 **열**   ❷ 문단 **전도**
       ❸ 문단 **종류**   ❹ 문단 **단열**

2. (1) ✕ (2) ○ (3) ✕ (4) ○

✕표 **답** 풀이
(1) 유리나 나무보다 금속에서 열이 더 빠르게 이동한다.
(3) 냄비의 손잡이는 열이 잘 이동하지 않는 나무나 플라스틱으로
만든다.

3. ③

정답 풀이
③ 두 물체 사이에서 열의 이동을 막는 것을 단열이라고 한다.

4. ③

정답 풀이
③ 열 변색 붙임딱지의 색깔이 구리판, 철판, 유리판 순서로 빨리
변했으므로 구리판, 철판, 유리판 순서로 열이 빠르게 이동한다.

5.

온도가 다른 두 물체가 접촉할 때 열의 이동	– 온도가 다른 두 물체가 접촉하면 따뜻한 물체의 온도 는 낮아지고, 차가운 물체의 온도는 높아진다. – 열은 온도가 높은 물체에서 온도가 낮은 물체로 이동 한다.
고체에서 열의 이동	– 고체에서 온도가 높은 곳에서 온도가 낮은 곳으로 고 체 물질을 따라 열이 이동하는 것을 **전도** 라고 한다. – 고체 물질의 종류에 따라 열이 이동하는 빠르기가 다 르다.
열의 이동 막기	– 두 물체 사이에서 열의 이동을 막는 것을 **단열** 이라고 한다. 예) 주방 장갑, 방한복, 단열재 등

6.

〈조건〉
1. 다음 낱말을 모두 넣어 쓰세요.
   (열) (온도) (손) (손난로)
2. 한 문장으로 쓰세요.

열의 이동	온도가 높은 손난로에서 온도가 낮은 손으로 열이 이 동합니다.

✦ 어휘

액체를 가열해요.

온 도 가 높아진 액체가 위로 올라가요.

온도가 높아진 액체가 위로 올라가면서 **열** 이 이동해요.

액체에서 온도가 높아진 물질이 올라가면서 열이 이동하는 것을 **대 류** 라고 해요.

기체를 가열해요.

온도가 높아진 기체가 **위** 로 올라가요.

온도가 높아진 기체가 위로 올라가면서 **열** 이 이동해요.

기체에서 온도가 높아진 물질이 올라가면서 열이 이동하는 것을 **대 류** 라고 해요.

✦ 독해

1. ❶ 문단 **대류**   ❷ 문단 **위**

❸ 문단 **대류**   ❹ 문단 **위**

2. (1) ○   (2) ○   (3) ✕   (4) ✕

✕표 답 풀이

(3) 물이 든 주전자를 가열하면 주전자 바닥에 있는 물은 위로 올라간다.

(4) 온도가 높아진 공기는 위로 올라가고 위에 있던 공기는 아래로 밀려 내려온다.

3. ③

정답 풀이

③ 온도가 높아진 기체는 위로 올라간다.

4. ②

정답 풀이

② 초에 불을 붙이면 초 주변에서 온도가 높아진 공기가 위로 올라가기 때문에 바람개비가 빙글빙글 돈다.

5.

대류	
액체에서 열의 이동	기체에서 열의 이동
– **대 류** 에 의해 열이 이동한다. – 온도가 높아진 물질이 위로 올라가고 위에 있던 물질이 아래로 밀려 내려오면서 열이 이동한다.	– 대류에 의해 열이 이동한다. – 온도가 높아진 물질이 **위** 로 올라가고 위에 있던 물질이 아래로 밀려 내려오면서 열이 이동한다.

6.

냉난방 기구	난방기	에어컨
설치하는 곳	낮은 곳	높은 곳
까닭	따뜻한 공기는 위로 올라가므로 난방기를 낮은 곳에 설치하면 실내 전체를 따뜻하게 할 수 있습니다.	차가운 공기는 아래로 내려오므로 에어컨을 높은 곳에 설치하면 실내 전체를 시원하게 할 수 있습니다.

✦ 어휘

어떤 물체는 **시간**이 지나도 물체의 위치가 변하지 않아요.

어떤 물체는 시간이 지남에 따라 물체의 위치 가 변해요.

시간이 지남에 따라 물체의 위치가 변할 때 물체가 운동 한다고 해요.

물체의 운동은 물체가 이동하는 데 **걸린 시간**과 이동 거리 로 나타내요.

로켓은 달팽이보다 빠르게 운동해요.

달팽이는 로켓보다 느리게 운동해요.

자동계단은 빠르기가 일정한 운동을 해요.

롤러코스터는 빠르기가 변하는 운동을 해요.

✦ 독해

1. ❶ 문단 **운동**　　❷ 문단 **이동 거리**

　　❸ 문단 **빠르게**　　❹ 문단 **변하는**

2. (1) ✕　(2) ✕　(3) ✕　(4) ◯

✕표 답 풀이

(1) 로켓은 달팽이보다 빠르게 운동한다.
(2) 물체의 운동은 물체가 이동하는 데 걸린 시간과 이동 거리로 나타낸다.
(3) 빠르기가 일정한 운동을 하는 물체도 있고, 빠르기가 변하는 운동을 하는 물체도 있다.

3. ④

정답 풀이

④ 롤러코스터는 오르막길에서 점점 느려지는 운동을 한다.

4. ③

정답 풀이

③ 대관람차는 일정한 빠르기로 회전한다. 따라서 대관람차는 빠르기가 일정한 운동을 한다. 범퍼카는 범퍼카의 가속 발판을 밟으면 점점 빨라지고, 다른 차와 부딪치면 갑자기 느려진다. 따라서 범퍼카는 빠르기가 변하는 운동을 한다.

5.

물체의 운 동
시간이 지남에 따라 물체의 위치가 변하는 것

물체의 운동을 나타내는 방법	여러 가지 물체의 운동
물체의 운동은 물체가 이동하는 데 걸린 시간 과 이동 거리로 나타낸다.	– 빠르기가 일정한 운동을 하는 물체: 자동계단 – 빠르기가 변하는 운동을 하는 물체: 롤러코스터

6.

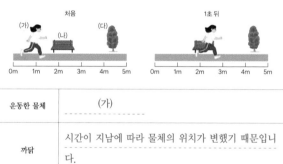

운동한 물체	(가)
까닭	시간이 지남에 따라 물체의 위치가 변했기 때문입니다.

✦ 어휘

같은 거리를 이동한 물체의 빠르기는 걸 린 시 간 으로 비교해요.

같은 시간 동안 이동한 물체의 빠르기는 이 동 거 리 로 비교해요.

걸린 시간과 이동 거리가 모두 다른 물체의 빠르기는 속 력 으로 비교해요.

속력은 단위 시간 동안 물체가 이동한 거리를 말해요.

다양한 곳에서 속 력 을 이용해 물체의 빠르기를 나타내요.

교 통 수 단 에서는 속력을 이용해 기차의 빠르기를 나타내요.

운 동 경 기 에서는 속력을 이용해 공의 빠르기를 나타내요.

일 기 예 보 에서는 속력을 이용해 바람의 빠르기를 나타내요.

- -

✦ 독해

1. ① 문단 걸린 시간　　② 문단 이동 거리

　　③ 문단 속력　　　　④ 문단 빠르기

2. (1) ○　(2) ✕　(3) ✕　(4) ○

✕표 답 풀이

⑵ 마라톤은 같은 거리를 이동하는 데 걸린 시간을 측정해 빠르기를 비교한다.

⑶ 같은 시간 동안 짧은 거리를 이동한 물체가 긴 거리를 이동한 물체보다 더 느리다.

3. ②

정답 풀이

② 속력은 물체가 이동한 거리를 걸린 시간으로 나누어 구한다.

4. ③

정답 풀이

③ (나) 그래프에서 3시간 동안 자동차는 240km를, 버스는 180km를 이동하였다. 같은 시간 동안 자동차가 버스보다 긴 거리를 이동하였으므로 자동차는 버스보다 빠르다.

5.

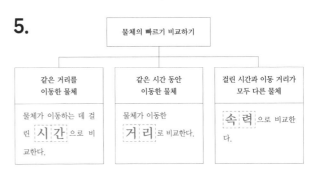

물체의 빠르기 비교하기		
같은 거리를 이동한 물체	같은 시간 동안 이동한 물체	걸린 시간과 이동 거리가 모두 다른 물체
물체가 이동하는 데 걸린 시 간 으로 비교한다.	물체가 이동한 거 리 로 비교한다.	속 력 으로 비교한다.

6.

2시간 동안 120km를 이동했다.　　3시간 동안 240km를 이동했다.

배　　자동차

	배	자동차
속력	60 km/h	80 km/h
빠르기 비교하기	자동차의 속력은 80km/h이고 배의 속력은 60km/h이므로 자동차가 배보다 더 빠릅니다. / 배의 속력은 60km/h이고 자동차의 속력은 80km/h이므로 배가 자동차보다 더 느립니다.	

정답 풀이

(속력)=(이동 거리)÷(걸린 시간)이므로 배의 속력은 120km÷2h=60km/h이고, 자동차의 속력은 240km÷3h=80km/h이다.

✦ 어휘

속력과 관련된 다양한 **안 전 장 치** 가 있어요.

안 전 띠 는 자동차에 탄 탑승자의 몸을 고정해 피해를 줄이는 안전장치예요.

에 어 백 은 자동차가 충돌할 때 순식간에 부풀어 충격을 줄이는 안전장치예요.

과 속 방 지 턱 은 자동차의 속력을 줄여서 사고를 막는 안전장치예요.

도로 주변에서 **교 통 안 전 수 칙** 을 지켜요.

횡단보도를 건널 때는 **좌 우** 를 살펴요.

버스를 기다릴 때는 **인 도** 에서 기다려요.

도로 주변에서 공은 **공 주 머 니** 에 넣어요.

✦ 독해

1. ❶ 문단 속력   ❷ 문단 안전장치
❸ 문단 교통안전 수칙   ❹ 문단 인도

2. (1) ✕   (2) ✕   (3) ✕   (4) ○

✕표 답 풀이

(1) 안전띠는 자동차에 설치된 안전장치이다.
(2) 물체의 속력이 빠를수록 다른 물체와 충돌할 때 큰 충격을 받아 피해가 크다.
(3) 과속 방지 턱은 자동차의 속력을 줄이게 해 사고 위험을 줄여 준다.

3. ①

정답 풀이

① 횡단보도에서는 자전거에서 내려 걸어간다.

4. ③

정답 풀이

③ <보기>의 그래프를 보면 자동차의 속력이 빨라질수록 보행자의 중상 가능성이 커지고 있다. 이를 통해 자동차의 속력이 빠를수록 보행자가 심하게 다칠 가능성이 크다는 것을 알 수 있다.

5.

속력과 관련된 안전장치와 교통안전 수칙	
안전장치	**교통안전 수칙**
자동차에 설치된 안전장치 – 안전띠 – **에 어 백** 도로에 설치된 안전장치 – 과속 방지 턱 – 어린이 보호 구역 표지판	– **횡 단 보 도** 를 건널 때 좌우를 살핀다. – 버스를 기다릴 때 인도에서 기다린다. – 도로 주변에서 공은 공 주머니에 넣는다.

6.

	(가)	(나)
안전장치	과속 방지 턱	어린이 보호 구역 표지판
안전장치의 기능	자동차의 속력을 줄이게 해 사고 위험을 줄여 줍니다.	학교 주변 등 어린이가 많이 다니는 도로에서 자동차의 속력을 제한해 어린이의 교통 안전사고를 예방합니다.

✦ 융합 독해

1. ⑤

정답 풀이

⑤ (가)의 표는 100m 달리기 기록이다. 같은 거리를 이동하는 데 걸린 시간이 짧은 물체가 걸린 시간이 긴 물체보다 더 빠르다. 따라서 가장 빠른 사람은 보람으로, 그 까닭은 같은 거리를 이동하는 데 걸린 시간이 가장 짧기 때문이다.

2. ⑤

정답 풀이

⑤ (나)의 그래프는 3시간 동안 여러 교통수단이 이동한 거리를 나타낸다. 같은 시간 동안 긴 거리를 이동한 물체가 짧은 거리를 이동한 물체보다 더 빠르다. 따라서 교통수단을 빠른 것부터 순서대로 나열하면 기차 – 자동차 – 버스 – 배이다.

3. ⑤

정답 풀이

⑤ 야구공의 속력은 145km/h이므로 1시간 동안 145km를 이동하는 물체의 속력과 같다.

✦ 개념 정리

1. (1) 온도
(2) 온도계

2. (1) 전도
(2) 단열

3. (1) 대류
(2) 대류

4. (1) 운동
(2) 이동 거리

5. (1) 걸린 시간
(2) 속력

6. (1) 안전장치
(2) 교통안전 수칙

✦ 어휘

우리가 사는 **지구**는 태양계에 속해 있어요.

태 양 계 에는 태양과 행성이 있어요.

태 양 은 태양계에서 유일하게 스스로 빛을 내는 천체로, 태양계의 중심에 있어요.

태 양 계 행 성 은 태양 주위를 돌고 있어요.

태양계에는 여덟 개의 **태 양 계 행 성** 이 있어요.

수 성 은 태양에서 가장 가까운 행성이에요.

해 왕 성 은 태양에서 가장 먼 행성이에요.

토 성 은 크고 선명한 고리가 있는 행성이에요.

- -

✦ 독해

1. ❶ 문단 태양   ❷ 문단 행성
    ❸ 문단 목성   ❹ 문단 해왕성

2. (1) ○ (2) ✕ (3) ○ (4) ✕

✕표 답 풀이

⑵ 화성은 고리가 없다. 태양계 행성 중 크고 선명한 고리가 있는
것은 토성이다.

⑷ 토성은 목성보다 태양에서 멀리 있다.

3. ②

정답 풀이

② 태양계에는 태양의 주위를 도는 행성이 있다. 참고로 지구와
같은 행성의 주위를 도는 천체를 위성이라고 한다. 지구의 위성은
달이다.

4. ④

정답 풀이

④ 표 (가)에서 지구의 반지름을 1로 보았을 때 태양계 행성의 상
대적인 크기를 보면 수성은 0.4, 금성은 0.9, 화성은 0.50이다. 따라
서 지구보다 크기가 작은 행성은 수성, 금성, 화성 세 개이다.

5.

태양계
태양과 태양의 영향을 받는 천체, 그리고 그 주위의 공간

태 양	태양계 행 성
- 태양계의 중심에 있으며, 태양계에서 유일하게 스스로 빛을 내는 천체	- 태양 주위를 도는 천체 - 수성, 금성, 지구, 화성, 목성, 토성, 천왕성, 해왕성

6.

행성		
	 수성	목성
특징	- 태양에서 가장 가까운 행성입니다. - 어두운 회색을 띠고 표면이 울퉁불퉁합니다. - 고리가 없습니다. - 태양계 행성 중에서 가장 작습니다.	- 태양에서 다섯째로 가까운 행성입니다. - 표면에 줄무늬가 있습니다. - 희미한 고리가 있습니다. - 태양계 행성 중에서 가장 큽니다.

✦ 어휘

북쪽 밤하늘에서 여러 가지 **별 자 리** 를 볼 수 있어요.

북쪽 밤하늘에서 북두칠성을 포함하는 **큰 곰 자 리** 를 볼 수 있어요.

북쪽 밤하늘에서 북극성을 포함하는 **작 은 곰 자 리** 를 볼 수 있어요.

북쪽 밤하늘에서 W 자 모양의 **카 시 오 페 이 아 자 리** 를 볼 수 있어요.

북쪽 하늘의 별자리를 이용해 **북 극 성** 을 찾을 수 있어요.

북 두 칠 성 을 이용해 북극성을 찾을 수 있어요.

카 시 오 페 이 아 자 리 를 이용해 북극성을 찾을 수 있어요.

옛날 사람들은 **북극성** 을 보고 방향을 찾았어요.

✦ 독해

1.　❶ 문단 **별**　　❷ 문단 **별자리**
　　　　❸ 문단 **북쪽**　　❹ 문단 **북극성**

2.　(1) ✕　(2) ○　(3) ○　(4) ○

✕표답 풀이

(1) 행성은 스스로 빛을 내지 않고 태양 빛을 반사한다. 스스로 빛을 내는 천체는 별이다.

3.　④

정답 풀이

④ 큰곰자리 꼬리 부분에 있는 일곱 개의 별을 북두칠성이라고 한다.

4.　④

정답 풀이

④ 여러 날 동안 밤하늘을 관측한 <보기>의 그림을 보면 (가) 별은 위치가 거의 변하지 않고 (나) 행성은 위치가 변한다는 것을 알 수 있다. 따라서 ㉠에 들어갈 알맞은 말은 '별은 위치가 거의 변하지 않지만 행성은 위치가 변한다'이다.

5.

별과 별자리		
별과 행성	**별 자 리**	**별자리로 북극성 찾기**
별 : 스스로 빛을 내는 천체 - 행성: 스스로 빛을 내지 않고 태양 빛을 반사한다.	무리 지어 있는 별을 연결해 이름을 붙인 것 예) 큰곰자리, 작은곰자리, 카시오페이아자리 등	**북 두 칠 성** 과 카시오페이아자리를 이용해 북극성을 찾을 수 있다.

6.

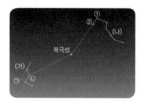

(가)를 이용해 북극성을 찾는 방법	(가)의 ㉠과 ㉡을 연결한 거리의 다섯 배만큼 떨어진 곳에서 북극성을 찾을 수 있습니다.
(나)를 이용해 북극성을 찾는 방법	(나)의 ①과 ②를 연결한 거리의 다섯 배만큼 떨어진 곳에서 북극성을 찾을 수 있습니다.

✦ 어휘

건습구 습도계로 **습도**를 측정할 수 있어요.

건습구 습도계 는 건구 온도계와 습구 온도계로 이루어져 있어요.

건구 온도계 는 액체샘이 젖은 헝겊으로 싸여 있지 않은 온도계예요.

습구 온도계 는 액체샘이 젖은 헝겊으로 싸여 있는 온도계예요.

습도가 높으면 빨래 가 잘 마르지 않아요.

습도가 높으면 곰팡이 가 생기기 쉬워요.

습도가 낮으면 피부 가 건조해져요.

습도가 낮으면 산불 이 발생하기 쉬워요.

✦ 독해

1. ❶ 문단 **습도**   ❷ 문단 **습도계**
      ❸ 문단 **영향**   ❹ 문단 **가습기**

2. (1) ✕   (2) ◯   (3) ✕   (4) ◯

✕표 답풀이
(1) 습도가 높으면 빨래가 잘 마르지 않는다.
(3) 습도가 낮을 때는 가습기를 틀거나 실내에 젖은 수건을 넣어 습도를 높인다. 제습기는 습도가 높을 때 습도를 낮추기 위해 사용한다.

3. ③

정답풀이
③ 습도를 구하기 위해서는 건구 온도와 습구 온도를 모두 알아야 된다.

4. ④

정답풀이
④ 측정한 건구 온도가 21℃, 습구 온도가 18℃이므로 습도표의 세로줄에서 21℃를 찾는다. 그리고 건구 온도와 습구 온도의 차인 3℃를 가로줄에서 찾는다. 두 값이 만나는 곳의 숫자가 75이므로 현재 습도는 75%이다.

5.

습도

습도 측정하기	습도가 우리 생활에 주는 영향
- **습도** 는 공기 중에 수증기가 포함된 정도이다. - 건습구 습도계를 이용해 습도를 측정할 수 있다.	습도가 높을 때 - 빨래가 잘 마르지 않는다. - **곰팡이** 가 생기기 쉽다. 습도가 낮을 때 - 빨래가 잘 마른다. - 감기에 걸리기 쉽다.

6.

(가) 피부가 건조해.   (나) 빨래가 잘 마르지 않아.   (다) 곰팡이가 생겼어.

습도가 낮을 때	(가)
습도 조절 방법	가습기를 틀거나 실내에 젖은 수건을 넣어 습도를 높입니다.

✦ 어휘

이슬, 안개, 구름은 공기 중의 수증기가 **응결**해 생겨요.

이 슬 은 공기 중의 수증기가 응결해 물체의 표면에 맺힌 거예요.

안 개 는 공기 중의 수증기가 응결해 지표면 근처에 떠 있는 거예요.

구 름 은 공기 중의 수증기가 응결해 하늘에 떠 있는 거예요.

구 름 속 물방울이나 얼음 알갱이는 비나 눈이 되어 내려요.

비 는 구름 속 작은 물방울이 합쳐지면서 무거워져 떨어지는 것이에요.

구름 속 얼음 알갱이가 무거워져 떨어지면서 녹은 것도 **비**예요.

눈 은 구름 속 얼음 알갱이가 녹지 않은 채로 떨어지는 것이에요.

- -

✦ 독해

1. ❶ 문단 **응결**　　❷ 문단 **이슬**
　　❸ 문단 **안개**　　❹ 문단 **구름**

2. (1) ○　(2) ○　(3) ○　(4) ✕

✕표 답 풀이
(4) 얼음을 넣은 집기병 표면에 작은 물방울이 맺히는 것은 이슬과 관련이 있다.

3. ④

정답 풀이
④ 구름 속 작은 물방울이 합쳐지면서 무거워져 떨어지면 비가 된다.

4. ①

정답 풀이
① <보기>의 세 컷 만화는 구름 속 얼음 알갱이가 커지면서 무거워져 떨어질 때 녹지 않고 떨어지는 모습을 나타내고 있다. 따라서 만화의 제목으로 가장 알맞은 것은 '눈이 내리는 과정'이다.

5.

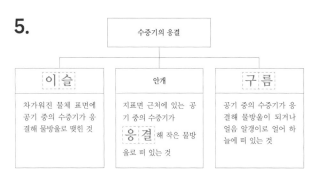

수증기의 응결		
이 슬	안개	구 름
차가워진 물체 표면에 공기 중의 수증기가 응결해 물방울로 맺힌 것	지표면 근처에 있는 공기 중의 수증기가 **응결** 해 작은 물방울로 떠 있는 것	공기 중의 수증기가 응결해 물방울이 되거나 얼음 알갱이로 얼어 하늘에 떠 있는 것

6.

현상	이슬	안개	구름
공통점	공기 중의 수증기가 응결해 나타나는 현상입니다.		
차이점	차가워진 물체 표면에 맺힙니다.	지표면 근처에 떠 있습니다.	하늘에 떠 있습니다.

✦ 어휘

차 가 운 공 기 는 따뜻한 공기보다 무거워서 기압이 높아요.

차가운 공기는 상대적으로 무거워 고 기 압 이 돼요.

따 뜻 한 공 기 는 차가운 공기보다 가벼워서 기압이 낮아요.

따뜻한 공기는 상대적으로 가벼워 저 기 압 이 돼요.

두 지역 간 공기의 온도 차로 **기압 차** 가 생겨요.

차가운 공기는 고 기 압 이 되고 따뜻한 공기는 저 기 압 이 돼요.

공 기 가 고기압에서 저기압으로 이동해요.

바 람 은 고기압에서 저기압으로 불어요.

- -

✦ 독해

1. ❶ 문단 기압   ❷ 문단 고기압
   ❸ 문단 바람   ❹ 문단 낮

2. (1) ✕ (2) ✕ (3) ◯ (4) ◯

✕표 답 풀이
(1) 바람은 고기압에서 저기압으로 분다.
(2) 차가운 공기가 따뜻한 공기보다 더 무겁다.

3. ③

정답 풀이
③ 차가운 공기는 따뜻한 공기보다 기압이 높다.

4. ③

정답 풀이
③ <보기>의 바람 발생 모형실험에서 얼음물 위의 공기는 고기압, 따뜻한 물 위의 공기는 저기압이 된다. 공기는 고기압에서 저기압으로 이동하므로 향 연기는 얼음물 쪽에서 따뜻한 물 쪽으로 이동한다.

5.

기압과 바람	
기압	**바람**
- 고 기 압 : 주위보다 기압이 높은 곳 - 저기압: 주위보다 기압이 낮은 곳	두 지역 사이에 기 압 차 가 생겨 공기가 고기압에서 저기압으로 이동하는 것

6.

〈조건〉
1. 다음 낱말을 모두 넣어 쓰세요.
   (고기압) (바다) (육지) (저기압)
2. 한 문장으로 쓰세요.

바람의 방향	(가)
까닭	낮에는 육지가 바다보다 온도가 높습니다. 따라서 육지 위는 저기압, 바다 위는 고기압이 되어 바다에서 육지로 바람이 붑니다.

✦ 어휘

우리나라는 계절별로 성질이 다른 공 기 덩 어 리 의 영향을 받아요.

봄·가을에는 따뜻하고 건 조 한 공기 덩어리의 영향을 받아요.

여름에는 따뜻하고 습 한 공기 덩어리의 영향을 받아요.

겨울에는 차 갑 고 건조한 공기 덩어리의 영향을 받아요.

우리나라는 계절별로 성질이 다른 공기 덩어리의 영향을 받아 날 씨 가 달라요.

봄·가을은 따뜻하고 건 조 해 요 .

여름은 덥고 습 해 요 .

겨울은 춥 고 건조해요.

✦ 독해

1. ❶ 문단 공기 덩어리　　❷ 문단 성질
　　❸ 문단 계절별　　❹ 문단 날씨

2. (1) ✕　(2) ✕　(3) ◯　(4) ✕

✕표답 풀이
(1) 우리나라의 여름 날씨는 덥고 습하다.
(2) 대륙에서 이동해 오는 공기 덩어리는 건조하다.
(4) 겨울에는 북서쪽 대륙에서 이동해 오는 공기 덩어리의 영향을
받는다.

3. ④

정답 풀이
④ 우리나라는 계절별로 다른 성질을 가진 공기 덩어리의 영향을
받는다. 가을에는 주로 남서쪽 대륙에서 이동해 오는 따뜻하고 건
조한 공기 덩어리의 영향을 받는다.

4. ③

정답 풀이
③ 공기 덩어리의 위치를 보면 우리나라의 어느 계절에 영향을
주는지 알 수 있다. ⓒ은 남서쪽 대륙에서 이동해 오는 공기 덩어
리로, 따뜻하고 건조한 성질이 있다.

5.

계절별 날씨와 공기 덩어리		
봄·가을	**여름**	**겨울**
따뜻하고 건조한 공기 덩어리의 영향을 받아 따뜻하고 건조하다.	따뜻하고 습 한 공기 덩어리의 영향을 받아 덥고 습하다.	차갑고 건 조 한 공기 덩어리의 영향을 받아 춥고 건조하다.

6.

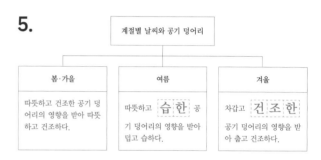

계절	여름	겨울
날씨의 특징	여름에는 따뜻하고 습한 공기 덩어리의 영향으로 덥고 습합니다.	겨울에는 차갑고 건조한 공기 덩어리의 영향으로 춥고 건조합니다.

✦ 융합 독해

1. ③

정답 풀이

③ (가) 습도표를 보면 건구 온도와 습구 온도의 차가 커질수록 습도는 낮아진다.

2. ⑤

정답 풀이

⑤ (나)를 보면 맑은 날 낮에 바닷가에서는 바다에서 육지로 바람이 분다. 바람은 고기압에서 저기압으로 불기 때문에 바다 위가 고기압, 육지 위가 저기압인 것을 알 수 있다.

3. ②

정답 풀이

② <보기>의 일기 예보에서 우리나라 서쪽에는 고기압이, 동쪽에는 저기압이 위치하며, 이에 따라 차갑고 건조한 북서풍이 분다고 하였다. 어느 두 지역 사이에 기압 차가 생기면 공기가 고기압에서 저기압으로 이동하는데, 이를 바람이라고 한다. 따라서 북서풍이 부는 현상이 일어나는 까닭은 두 지역 사이의 기압 차 때문이다.

✦ 개념 정리

1. (1) 태양계
(2) 수성

2. (1) 별자리
(2) 북극성

3. (1) 습도
(2) 건습구 습도계

4. (1) 응결
(2) 안개

5. (1) 기압
(2) 바람

6. (1) 공기 덩어리
(2) 날씨

✦ 어휘

소금이 물에 녹는 것과 같은 현상을 **용 해** 라고 해요.

소금처럼 녹는 물질을 **용 질** 이라고 해요.

물처럼 녹이는 물질을 **용 매** 라고 해요.

소금물처럼 용질과 용매가 골고루 섞여 있는 물질을 **용 액** 이라고 해요.

물의 온도와 양이 같을 때 **용 질 의 종 류** 에 따라 물에 용해되는 양이 달라요.

물의 온도와 양이 같을 때 소금보다 **설 탕** 이 더 많이 용해돼요.

물의 양이 같을 때 **물 의 온 도** 에 따라 용질이 물에 용해되는 양이 달라요.

물의 양이 같을 때 보통 차가운 물보다 **따 뜻 한 물** 에 용질이 더 많이 용해돼요.

- -

✦ 독해

1. ❶ 문단 **용해**　　❷ 문단 **같다**

❸ 문단 **종류**　　❹ 문단 **온도**

2. (1) ○　(2) ○　(3) ○　(4) ✕

✕표 답 풀이

(4) 일반적으로 물의 온도가 높을수록 용질이 많이 용해된다.

3. ③

정답 풀이

③ 용액은 오래 두어도 뜨거나 가라앉는 것이 없다.

4. ⑤

정답 풀이

⑤ <보기>의 실험은 온도와 양이 같은 물에 설탕, 소금, 제빵 소다를 넣으면서 용해되는 양을 비교하고 있다. 따라서 이 실험을 통해 온도와 양이 같은 물에 용해되는 용질의 양은 용질의 종류에 따라 다르다는 것을 알 수 있다.

5.

6.

〈조건〉

1. 다음 낱말을 모두 넣어 쓰세요.
(물) (분말주스) (온도) (용해)
2. 한 문장으로 쓰세요.

분말주스를 모두 용해할 수 있는 방법	물을 데워 온도를 높이면 바닥에 남아 있는 분말주스를 모두 용해할 수 있습니다.

✦ 어휘

용액의 진하기는 용액의 색깔로 비교할 수 있어요.

용액이 진할수록 **색 깔** 이 진해요.

색깔이 연하면 **묽 은 용 액** 이에요.

색깔이 진하면 **진 한 용 액** 이에요.

용 액 의 진 하 기 는 물체가 뜨는 높이로 비교할 수 있어요.

용액이 진할수록 물체가 **높 이** 떠요.

물체가 낮게 뜨면 **묽 은 용 액** 이에요.

물체가 높게 뜨면 **진 한 용 액** 이에요.

✦ 독해

1. ❶ 문단 진하기   ❷ 문단 색깔
❸ 문단 높이   ❹ 문단 비교

2. (1) ○   (2) ○   (3) ✕   (4) ✕

✕표 답 풀이

(3) 용액의 진하기를 비교하는 기구는 용액 속에서 기울어지지 않고 똑바로 설 수 있도록 균형이 맞아야 한다.
(4) 용매의 양이 같을 때 용해된 용질의 양이 많을수록 진한 용액이다.

3. ④

정답 풀이

④ 소금물처럼 색깔로 용액의 진하기를 비교할 수 없을 때는 방울토마토나 메추리알 같은 물체를 띄워서 용액의 진하기를 비교할 수 있다.

4. ③

정답 풀이

③ <보기>는 소금물을 이용해 좋은 볍씨를 골라내는 방법을 설명하고 있다. 용액이 진할수록 물체가 높이 떠오르므로 볍씨를 골라낼 때 쭉정이가 위로 뜨지 않으면 소금을 더 넣어 소금물을 진하게 만든다. 반대로 좋은 볍씨까지 위로 뜨면 물을 더 넣어 소금물을 묽게 만든다.

5.

용액의 진하기
같은 양의 용매에 용해된 용질의 양이 많고 적은 정도

용액의 색깔로 비교하기	물체가 뜨는 높이로 비교하기
용액이 진할수록 **색 깔** 이 진하다.	용액이 진할수록 물체가 **높 이** 떠오른다.

6.

(가)   (나)   (다)

가장 진한 용액	(다)
까닭	용액이 진할수록 방울토마토가(물체가) 더 높이 떠오르기 때문입니다.

✦ 어휘

분 류 기 준 을 세워 용액을 분류할 수 있어요.

색깔에 따라 용액을 분류할 수 있어요.

냄 새 에 따라 용액을 분류할 수 있어요.

투 명 도 에 따라 용액을 분류할 수 있어요.

분류 기준을 세워 용액을 분류할 수 있어요.

'용액에 색 깔 이 있는가?'라는 분류 기준으로 용액을 분류할 수 있어요.

식 초 와 유리 세정제는 색깔이 있어요.

탄 산 수 와 손 소독제는 색깔이 없어요.

✦ 독해

1. ❶ 문단 **용액**　　❷ 문단 **분류 기준**
　　❸ 문단 **분류**　　❹ 문단 **성질**

2. (1) ○　(2) ○　(3) ○　(4) ✕

✕표 **답** 풀이
(4) 색깔이 없고 투명한 용액은 눈으로 쉽게 구분되지 않아 분류하기 어렵다.

3. ②

정답 풀이
② 묽은 염산은 색깔이 없고 투명하다.

4. ③

정답 풀이
③ 식초, 레몬즙, 빨랫비누 물, 유리 세정제는 색깔이 있지만, 탄산수, 묽은 염산, 묽은 수산화 나트륨 용액은 색깔이 없다. 따라서 분류 기준으로 알맞은 것은 '용액에 색깔이 있는가?'이다.

5.

용액의 분류	색깔, 냄새, 투명도 등의 성질을 관찰한 뒤, 이러한 성질을 기준으로 분 류 기 준 을 세워 용액을 분류할 수 있다.
용액의 분류 기준	– 용액에 색 깔 이 있는가? – 용액에서 냄새가 나는가? – 용액이 투명한가? – 흔들었을 때 거품이 3초 이상 유지되는가?

6.

분류 기준	용액에서 냄새가 나는가?
분류	식초, 빨랫비누 물, 유리 세정제는 냄새가 나지만, 탄산수는 냄새가 나지 않습니다.

✦ 어휘

지시약을 이용해 용액을 산성 용액과 염기성 용액으로 분류할 수 있어요.

지시약에는 리 트 머 스 종 이 가 있어요.

푸른색 리트머스 종이를 붉 은 색 으로 변하게 하면 산성 용액이에요.

붉은색 리트머스 종이를 푸 른 색 으로 변하게 하면 염기성 용액이에요.

지 시 약 을 이용해 용액을 산성 용액과 염기성 용액으로 분류할 수 있어요.

지시약에는 페 놀 프 탈 레 인 용 액 이 있어요.

페놀프탈레인 용액의 색 깔 을 변하지 않게 하면 산성 용액이에요.

페놀프탈레인 용액을 붉 은 색 으로 변하게 하면 염기성 용액이에요.

✦ 독해

1. ❶ 문단 **지시약** ❷ 문단 **산성**
　❸ 문단 **염기성** ❹ 문단 **양배추**

2. (1) ✕ (2) ✕ (3) ○ (4) ○

✕표 답 풀이
(1) 산성 용액은 푸른색 리트머스 종이를 붉은색으로 변하게 한다.
(2) 산성 용액은 붉은 양배추 지시약을 붉은색 계열로 변하게 한다.

3. ⑤

정답 풀이
⑤ 지시약은 산성 용액과 염기성 용액에서 색깔이 다르게 변한다.

4. ④

정답 풀이
④ ㉠은 푸른색 리트머스 종이를 붉은색으로 변하게 하므로 산성 용액이다. 산성 용액에 페놀프탈레인 용액을 떨어뜨리면 색깔 변화가 없다.

5.

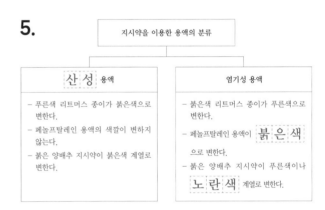

산 성 용액	염기성 용액
- 푸른색 리트머스 종이가 붉은색으로 변한다. - 페놀프탈레인 용액의 색깔이 변하지 않는다. - 붉은 양배추 지시약이 붉은색 계열로 변한다.	- 붉은색 리트머스 종이가 푸른색으로 변한다. - 페놀프탈레인 용액이 붉 은 색 으로 변한다. - 붉은 양배추 지시약이 푸른색이나 노 란 색 계열로 변한다.

6.

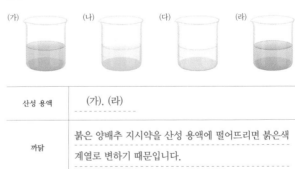

산성 용액	(가), (라)
까닭	붉은 양배추 지시약을 산성 용액에 떨어뜨리면 붉은색 계열로 변하기 때문입니다.

✦ 어휘

산성 용액에 | 달걀 껍데기 | 를 넣으면 녹아요.

산성 용액에 | 대리암 조각 | 을 넣으면 녹아요.

염기성 용액에 | 삶은 달걀흰자 | 를 넣으면 녹아요.

염기성 용액에 | 두부 | 를 넣으면 녹아요.

| 산성 | 용액에 염기성 용액을 넣어요.

산성 용액에 염기성 용액을 넣으면 | 산성 | 이 약해지다가 염기성 용액으로 변해요.

| 염기성 | 용액에 산성 용액을 넣어요.

염기성 용액에 산성 용액을 넣으면 | 염기성 | 이 약해지다가 산성 용액으로 변해요.

✦ 독해

1. ❶ 문단 **산성**　❷ 문단 **염기성**
　❸ 문단 **산성**　❹ 문단 **염기성**

2. (1) ✕　(2) ○　(3) ○　(4) ✕

✕표 답 풀이
(1) 염기성 용액에 대리암 조각을 넣으면 아무런 변화가 없다.
(4) 염산이 누출되는 사고가 발생하면 소석회를 뿌려 산성을 약하게 한다.

3. ⑤

정답 풀이
⑤ 산성 용액에 삶은 달걀흰자를 넣으면 아무런 변화가 없다.

4. ④

정답 풀이
④ 산성 용액인 묽은 염산에 염기성 용액인 묽은 수산화 나트륨 용액을 넣으면 산성이 약해진다.

5.

산성 용액과 염기성 용액의 성질	산성 용액	달걀 껍데기와 대리암 조각을 넣으면 녹는다.
	염기성 용액	삶은 달걀흰자와 두부를 넣으면 녹는다.
산성 용액과 염기성 용액을 섞을 때 변화	산성 용액에 염기성 용액을 넣을 때	산성이 약해지다가 염기성 용액으로 변한다.
	염기성 용액에 산성 용액을 넣을 때	염기성 이 약해지다가 산성 용액으로 변한다.

6.

〈조건〉
1. 다음의 문장 형식으로 쓰세요.
('염기성 용액에 ~ 변합니다.')
2. 한 문장으로 쓰세요.

알게 된 점	염기성 용액에 산성 용액을 계속 넣으면 염기성이 약해지다가 산성 용액으로 변합니다.

✦ 어휘

우리는 생활에서 산 성 용 액 을 이용해요.

식 초 로 생선을 손질한 도마를 닦아요.

변 기 용 세 제 로 변기를 청소해요.

구 연 산 용 액 으로 싱크대를 소독해요.

우리는 생활에서 염 기 성 용 액 을 이용해요.

치 약 으로 이를 닦아요.

하 수 구 세 척 액 으로 하수구를 뚫어요.

제 산 제 로 속 쓰림을 줄여요.

✦ 독해

1. ❶ 문단 **산성**　❷ 문단 **식초**

　　❸ 문단 **염기성**　❹ 문단 **제산제**

2. (1) ○　(2) ○　(3) ✕　(4) ✕

✕표 답 풀이

(3) 하수구를 뚫을 때는 염기성 용액인 하수구 세척액을 사용한다.

(4) 치약으로 양치질을 하면 입안의 산성 물질을 없애 세균의 활동을 막을 수 있다.

3. ②

정답 풀이

② 속이 쓰릴 때 제산제를 먹는 것은 염기성 용액을 이용하는 예이다.

4. ③

정답 풀이

③ 하수구 세척액은 염기성 용액이므로 붉은색 리트머스 종이를 푸른색으로 변하게 하는 세제를 찾으면 된다.

5.

산성 용액과 염기성 용액의 이용	
산성 용액	**염기성 용액**
– 생선 요리에 레 몬 즙 을 뿌려 먹는다. – 생선을 손질한 도마를 닦을 때 식 초 를 사용한다. – 화장실 변기를 청소할 때 변기용 세제를 사용한다.	– 치 약 으로 양치질을 한다. – 유리창을 닦을 때 유리 세정제를 사용한다. – 막힌 하수구를 뚫을 때 하수구 세척액을 사용한다. – 속이 쓰릴 때 제산제를 먹는다.

6.

구분	용액	이용하는 예
산성 용액	식초	생선을 손질한 도마를 닦을 때 식초를 사용해 염기성을 띠는 생선 비린내를 없앱니다.
염기성 용액	유리 세정제	유리창을 닦을 때 유리 세정제를 사용해 유리에 묻은 얼룩 같은 단백질 물질을 녹여 없앱니다.

✦ 융합 독해

1. ④

정답 풀이

④ (가)의 표를 보면 제빵 소다는 두 숟가락, 소금은 여덟 숟가락을 넣었을 때 다 용해되지 않고 바닥에 남았고, 설탕은 여덟 숟가락을 넣었을 때 모두 용해되었다. 따라서 온도와 양이 같은 물에 가장 많이 용해되는 물질은 설탕이라는 것을 알 수 있다.

오답 풀이

① 소금은 설탕보다 더 적게 용해된다.
② 제빵 소다는 물에 용해된다.
③ 설탕, 소금, 제빵 소다가 용해되는 양은 다르다.
⑤ 온도와 양이 같은 물에 가장 적게 용해되는 물질은 제빵 소다이다.

2. ⑤

정답 풀이

⑤ 용액이 진할수록 물체가 높이 떠오른다. 따라서 방울토마토를 넣었을 때 높이 뜬 용액일수록 진한 용액이다. 진한 용액부터 순서대로 나열하면 ⓒ - ⓛ - ⑤이다.

3. ③

정답 풀이

③ 같은 양의 백반을 넣고 저을 때 따뜻한 물에서는 백반이 모두 용해되고 차가운 물에서는 용해되지 않은 백반이 남는다. 따라서 물의 온도가 높을수록 백반이 더 많이 용해된다.

오답 풀이

① 실험에서 같게 한 조건은 백반의 양, 물의 양 등이다.
② 물의 양에 따른 백반이 용해되는 양은 (나)와 <보기>에서 제시되지 않은 내용이다.
④ 따뜻한 물과 차가운 물에 백반이 용해되는 양이 다르므로 물의 온도에 따라 백반이 용해되는 양이 다르다.
⑤ 실험에서 다르게 한 조건은 물의 온도이다.

✦ 개념 정리

1.
(1) 용해
(2) 용질

2.
(1) 진하기
(2) 높이

3.
(1) 분류 기준
(2) 분류

4.
(1) 지시약
(2) 산성 용액

5.
(1) 산성
(2) 염기성

6.
(1) 산성 용액
(2) 염기성 용액

✦ 어휘

우리 주변에는 다양한 **생물**이 살아요.

참새와 같은 　동 물　도 있어요.

민들레와 같은 　식 물　도 있어요.

버섯, 해캄, 젖산균과 같은 　동 물 과　 식 물 이 아닌 생물도 있어요.

우리 주변에는 **동물과 식물이 아닌 생물**이 살아요.

버섯과 같은 　균 류　가 있어요.

해캄과 같은 　원 생 생 물　이 있어요.

젖산균과 같은 　세 균　이 있어요.

- -

✦ 독해

1. ❶ 문단 생물　　❷ 문단 균류
❸ 문단 원생생물　　❹ 문단 세균

2. (1) ✕　(2) ○　(3) ✕　(4) ○

✕표 답 풀이

(1) 젖산균, 대장균은 세균이다.
(3) 버섯과 곰팡이는 따뜻하고 습한 곳에서 잘 자란다.

3. ②

정답 풀이

② 세균은 균류나 원생생물보다 크기가 작고 생김시기 단순한 생물이다.

4. ②

정답 풀이

② <보기>는 광학 현미경으로 해캄과 짚신벌레를 관찰한 결과를 글과 그림으로 나타낸 것이다. 광학 현미경으로 관찰해 보면 해캄은 여러 개의 가는 선이 있고, 짚신벌레는 둥글고 길쭉한 모양이다.

5.

균류	원 생 생 물	세 균
가늘고 긴 모양의 균사로 이루어져 있고, 포자로 번식하는 생물 예) 버 섯 곰팡이 등	동물, 식물, 균류로 분류되지 않는 생물 예) 해캄, 짚신벌레 등	균류나 원생생물보다 크기가 작고 생김새가 단순한 생물 예) 젖산균, 대장균 등

6.

버섯　　곰팡이

생물	균류
특징	- 몸 전체가 가늘고 긴 모양의 균사로 이루어져 있습니다. - 따뜻하고 습한 곳에서 잘 자랍니다. - 주로 죽은 생물이나 다른 생물에서 양분을 얻습니다.

✦ 어휘

다양한 생물은 우리 생활에 긍 정 적 인 영 향 을 미쳐요.

균류는 된 장 등을 만드는 데 이용돼요.

원생생물은 산 소 를 만들어요.

세균은 요 구 르 트 등을 만드는 데 이용돼요.

다양한 생물은 우리 생활에 부 정 적 인 영 향 도 미쳐요.

균류는 식물에 병 을 일으켜요.

원생생물은 바닷물이 붉게 보이는 적 조 를 일으켜요.

세균은 생물에 질 병 을 일으켜요.

- -

✦ 독해

1. ❶ 문단 생물　❷ 문단 긍정적인
❸ 문단 부정적인　❹ 문단 첨단 생명 과학

2. (1) ○　(2) ✕　(3) ✕　(4) ○

✕표답 풀이

(2) 어떤 원생생물은 바다에서 빠르게 번식하여 적조를 일으킨다.
(3) 세균은 김치, 요구르트 등의 음식을 만드는 데 이용된다.

3. ①

정답 풀이

① 세균이 질병을 일으키는 것은 다양한 생물이 우리 생활에 미치는 부정적인 영향이다.

4. ⑤

정답 풀이

⑤ <보기>에서 학생들은 푸른곰팡이로 만든 질병을 치료하는 약, 클로렐라 같은 원생생물로 만든 건강식품 등 다양한 생물을 활용한 첨단 생명 과학이 우리 생활에 이용되는 예를 이야기하고 있다.

5.

다양한 생물과 우리 생활	
긍정적인 영향	**부정적인 영향**
- 균 류 : 된장, 간장 등의 음식을 만드는 데 이용된다. - 원생생물: 다른 생물의 먹이가 되거나 산 소 를 만든다. - 세균: 김치, 요구르트 등의 음식을 만드는 데 이용된다.	- 균류: 식물에 병을 일으키고 음식이나 물건을 상하게 한다. - 원생생물: 적 조 를 일으킨다. - 세균: 충치, 장염 등 다른 생물에 질병을 일으킨다.

6.

생물	균류	세균
특성	해충한테만 질병을 일으킵니다.	빠르게 수가 늘어납니다.
첨단 생명 과학의 이용 사례	생물 농약을 만듭니다.	짧은 시간 동안 많은 양의 약품을 생산합니다.

✦ 어휘

생 태 계 는 생물 요소와 비생물 요소로 이루어져 있어요.

생 물 요 소 는 살아 있는 것이에요.

비 생 물 요 소 는 살아 있지 않은 것이에요.

생물 요소와 비생물 요소는 서로 영 향 을 주고받아요.

생 물 요 소 는 양분을 얻는 방법에 따라 구분할 수 있어요.

생 산 자 는 필요한 양분을 스스로 만드는 생물이에요.

소 비 자 는 다른 생물을 먹이로 하여 양분을 얻는 생물이에요.

분 해 자 는 죽은 생물이나 배설물을 분해해 양분을 얻는 생물이에요.

✦ 독해

1. ❶ 문단 **생태계**　　❷ 문단 **비생물 요소**
❸ 문단 **영향**　　❹ 문단 **생물 요소**

2. (1) ○　(2) ○　(3) ✕　(4) ○

✕표 답 풀이
(3) 필요한 양분을 스스로 만드는 생물을 생산자라고 한다.

3. ④

정답 풀이
④ 생태계를 이루는 생물 요소와 비생물 요소는 서로 영향을 주고받는다.

4. ④

정답 풀이
④ <보기>의 연못 생태계를 이루는 생물 요소에는 수련, 부들, 검정말, 개구리, 붕어, 세균이 있고, 비생물 요소에는 물, 공기, 온도, 흙이 있다. 따라서 생물 요소와 비생물 요소가 알맞게 짝지어진 것은 '생물 요소 - 수련', '비생물 요소 - 공기'이다.

5.

생태계
어떤 장소에서 서로 영향을 주고받는 생물과 생물을 둘러싸고 있는 환경 전체

생물 요소	비 생 물 요소
- 생 산 자 : 양분을 스스로 만드는 생물 - 소비자: 다른 생물을 먹이로 하여 양분을 얻는 생물 - 분해자: 주로 죽은 생물이나 배설물을 분해해 양 분 을 얻는 생물	- 햇빛, 물, 온도, 공기, 흙 등

6.

(가) 버섯　　(나) 민들레　　(다) 참새

생산자	소비자	분해자
(나)	(다)	(가)

분류 기준: 생물이 양분을 얻는 방법에 따라 분류합니다.

✦ 어휘

먹 이 사 슬 은 생물의 먹이 관계가 사슬처럼 연결되어 있는 것이에요.

메뚜기는 벼 를 먹어요.

개구리는 메 뚜 기 를 먹어요.

매는 개 구 리 를 먹어요.

먹 이 그 물 은 먹이 사슬이 그물처럼 얽혀 연결되어 있는 것이에요.

메뚜기는 벼 외에 배 추 도 먹어요.

개구리는 메뚜기 외에 나 비 애 벌 레 도 먹어요.

매는 개구리 외에 참 새 도 먹어요.

- -

✦ 독해

1. ❶ 문단 먹이 사슬　❷ 문단 먹이 그물
❸ 문단 먹이 그물　❹ 문단 생태계 평형

2. (1) ○　(2) ✕　(3) ✕　(4) ○

✕표 답 풀이
(2) 먹이 사슬은 '벼 → 메뚜기 → 개구리' 형태로 나타낼 수 있다.
(3) 먹이 사슬은 생물의 먹고 먹히는 관계가 한 방향으로 연결되어 있다.

3. ⑤

정답 풀이
⑤ 특정한 생물의 수나 양이 갑자기 늘어나거나 줄어들면 생태계 평형이 깨지기도 한다.

4. ③

정답 풀이
③ <보기>의 먹이 그물을 보면 매는 다람쥐, 뱀, 참새, 토끼, 개구리 등 여러 가지 먹이를 먹는다.

5.

| 생물의 먹이 관계 | 먹 이 사 슬 | 생물의 먹고 먹히는 관계가 사슬처럼 연결된 것 |
| | 먹이 그물 | 여러 개의 먹이 사슬이 얽혀 그물처럼 연결된 것 |

| 생태계 평 형 | 생물의 종류와 수 또는 양이 균형을 이루며 안정된 상태를 유지하는 것 |

6.

〈조건〉
1. 다음 낱말을 모두 넣어 쓰세요.
(나무) (사슴) (수) (풀)
2. 한 문장으로 쓰세요.

미국 옐로스톤 공원에 살던 늑대는 사슴을 잡아먹고 살았습니다. 그런데 사람들이 마구잡이로 늑대를 사냥하면서 공원에 살던 늑대가 모두 사라졌습니다. 늑대가 사라진 뒤 사슴의 수가 빠르게 늘어났고, 사슴은 강가의 풀과 나무를 닥치는 대로 먹었습니다. 그 결과 강가의 풀과 나무의 수가 줄어들었습니다. 이후 사람들은 늑대를 공원에 다시 풀어놓았습니다. 늑대가 사슴을 잡아먹자 <u>사슴의 수가 줄어들고 풀과 나무의 수가 늘어났습니다.</u> 오랜 시간이 지나 공원에 사는 생물의 수가 적절하게 유지되면서 생태계는 다시 평형을 되찾았습니다.

✦ 어휘

비 생 물 환경 요인은 생물이 살아가는 데 영향을 줘요.

빛 은 꽃 피는 시기에 영향을 줘요.

물 은 생명을 유지하는 데 필요해요.

온 도 는 철새의 이동에 영향을 줘요.

생물은 다양한 생김새와 생활 방식으로 환경에 적 응 해요.

부엉이의 눈 은 빛이 적은 환경에 적응한 결과예요.

선인장의 가 시 는 물이 부족한 환경에 적응한 결과예요.

개구리의 겨 울 잠 은 환경의 온도 변화에 적응한 결과예요.

✦ 독해

1. ❶ 문단 비생물   ❷ 문단 생물
❸ 문단 적응   ❹ 문단 환경

2. (1) ✕   (2) ○   (3) ✕   (4) ○

✕표 답 풀이

(1) 빛은 동물의 번식 시기에 영향을 준다.
(3) 생물은 서식지의 비생물 환경 요인의 영향을 받는다.

3. ⑤

정답 풀이

⑤ 온도가 낮아지면 식물은 단풍이 들거나 낙엽이 진다.

4. ④

정답 풀이

④ <보기>는 굵기와 길이, 양이 비슷한 콩나물이 서로 다른 조건에서 자란 모습을 나타내고 있다. 햇빛과 물 조건을 달리하여 실험하였을 때 햇빛이 잘 드는 곳에서 물을 준 콩나물이 가장 잘 자랐다. 이를 통해 콩나물이 자라는 데 햇빛과 물이 영향을 준다는 것을 알 수 있다.

5.

비생물 환경 요인이 생물에 미치는 영향	환경과 적 응
– 빛: 식물이 양분을 만들고 동물이 물체를 보는 데 필요하다. – 물 : 생물이 생명을 유지하는 데 필요하다. – 온도: 동물의 털갈이, 철새의 이동 등에 영향을 준다.	– 빛: 부엉이는 눈이 크고 발달되어 있다. – 물: 선인장은 굵은 줄기와 뾰족한 가시가 있다. – 온 도 : 다람쥐나 개구리는 겨울잠을 잔다.

6.

동물	사막여우	북극여우
특징	털색이 서식지 환경과 비슷합니다.	
서식지에서 살아남기에 유리한 까닭	(털색이 서식지 환경과 비슷하면) 적에게서 몸을 숨기거나 먹잇감에 접근하기에 유리합니다.	

✦ 어휘

환경 오염으로 생태계가 파괴돼요.

대 기　오 염으로 동물의 호흡 기관에 이상이 생겨요.

수 질　오 염으로 물에 사는 생물이 살기 어려워요.

토 양　오 염으로 식물이 잘 자라지 못해요.

생태계를 보전하기 위해 **자 원**을 절약해요.

생태계를 보전하기 위해 **일 회 용 품** 사용을 줄여요.

생태계를 보전하기 위해 쓰레기를 **분 리 배 출**해요.

생태계를 보전하기 위해 **대 중 교 통**을 이용해요.

✦ 독해

1. ❶ 문단 **환경 오염**　　❷ 문단 **원인**
　　❸ 문단 **해로운**　　❹ 문단 **보전**

2. (1) ✕　(2) ○　(3) ✕　(4) ○

✕표 답 풀이
(1) 생태계를 보전하기 위해 일회용품 사용을 줄인다.
(3) 폐수의 배출이나 기름 유출 등은 수질 오염의 원인이 된다.

3. ③

정답 풀이
③ 농약을 많이 사용하면 토양이 오염되어 식물이 살기 힘들다.

4. ⑤

정답 풀이
⑤ <보기>는 도로 건설로 인해 동물의 서식지가 훼손되는 문제를 이야기하면서 이러한 문제를 해결하기 위한 방법의 한 예로 생태 통로를 소개하고 있다. 따라서 <보기>의 제목으로 가장 알맞은 것은 '환경 개발로 파괴된 생태계를 복원하는 생태 통로'이다.

5.

환경 오염과 생태계 보전	
환 경　오 염	**생태계 보전을 위한 노력**
– 대기 오염: 동물의 호흡 기관에 이상이 생긴다. – 수질 오염: 물고기가 죽고, 생물의 서식지가 파괴된다. – **토 양　오 염**: 생활 환경이 나빠지고, 식물이 살기 힘들다.	– **자 원** 절약하기 – 일회용품 사용 줄이기 – 쓰레기 분리배출하기 – 가까운 거리는 걷거나 자전거로 이동하기 – 대중교통 이용하기

6.

공장 매연

자동차 매연

〈조건〉
1. 다음 낱말을 모두 넣어 쓰세요.
(동물) (성장) (식물) (호흡)
2. 두 문장으로 쓰세요.

환경 오염의 종류	대기 오염
생물에 미치는 영향	– 동물의 호흡 기관에 이상이 생기거나 동물이 병에 걸립니다. – 식물의 성장에 피해를 줍니다.

✦ 융합 독해

1. ⑤

정답 풀이

⑤ (나)는 먹이 그물로, 여러 개의 먹이 사슬이 얽혀 그물처럼 연결된 것이다. 생물의 먹고 먹히는 관계가 사슬처럼 연결된 것은 먹이 사슬이라고 한다.

2. ⑤

정답 풀이

⑤ <보기>의 ㉠에 들어갈 알맞은 말은 '비생물 요소', ㉡에 들어갈 알맞은 말은 '분해자'이다. 따라서 ㉠과 ㉡의 예가 알맞게 짝지어진 것은 '㉠ – 온도, ㉡ – 곰팡이'이다.

오답 풀이

① 물은 비생물 요소, 개미는 소비자이다.
② 흙은 비생물 요소, 민들레는 생산자이다.
③ 버섯은 분해자, 공기는 비생물 요소이다.
④ 세균은 분해자, 햇빛은 비생물 요소이다.

3. ④

정답 풀이

④ 섬에 늑대가 나타나지 않았다면 식물의 수가 계속 줄어들고, 결국 먹이인 식물이 없어져 물사슴이 살 수 없게 되었을 것이다.

✦ 개념 정리

1. (1) 균류
(2) 세균

2. (1) 세균
(2) 첨단 생명 과학

3. (1) 생태계
(2) 분해자

4. (1) 먹이 사슬
(2) 먹이 그물

5. (1) 비생물
(2) 적응

6. (1) 환경 오염
(2) 토양 오염